Herbert Lappe

DIE SEPHARDEN

Einblicke in das Leben der Juden auf der Iberischen Halbinsel bis 1492

DIE SEPHARDEN

Einblicke in das Leben der Juden
auf der Iberischen Halbinsel
bis 1492

Wie kam es, dass eine vergleichsweise kleine Zahl von Juden auf der Iberischen Halbinsel rund 500 Jahre lang auf vielen Gebieten außerordentlich erfolgreich war?

An den Höfen von Fürsten und Königen wirkten Juden als Dichter, Ärzte, Wissenschaftler, Diplomaten oder Schatzmeister.

Dennoch gestaltete sich das Zusammenleben von Juden, Muslimen und Christen keineswegs immer harmonisch. Spannungen, Pogrome, Zwangsbekehrungen kamen nicht selten vor, bis schließlich 1492 alle Juden von der Iberischen Halbinsel vertrieben wurden.

Was prägte und wie gestaltete sich das Zusammenleben von Juden, Muslimen und Christen? Wie zutreffend sind unsere Vorstellungen vom Goldenen Zeitalter der Juden im muslimischen Spanien? Was hatte es mit der Spanischen Inquisition wirklich auf sich? – Eine Betrachtung jenes bisher oft einseitig beleuchteten Zeitabschnitts jüdischer Geschichte.

© 2023 Herbert Lappe

Herstellung und Verlag: BoD – Books on Demand, Norderstedt

Umschlag: Birgit Schöne, SCHOENE – GRAFIK.DE

ISBN: 9783758305559

Inhalt

Einführung

„Fast acht Jahrhunderte lang stellte Spanien unter seinen mohammedanischen Herrschern in ganz Europa ein leuchtendes Beispiel für einen zivilisierten und aufgeklärten Staat dar ... Was auch immer ein Königreich groß und wohlhabend macht, was auch immer zur Verfeinerung und Zivilisation neigt, wurde im muslimischen Spanien gefunden. Im Jahr 1492 gab das letzte Bollwerk der Mauren dem Kreuzzug von Ferdinand und Isabella nach, und mit Granada fiel die ganze Größe Spaniens zusammen ... Es folgten die Gräuel der Verwüstung, die Herrschaft der Inquisition und die Schwärze der Finsternis, in die Spanien seitdem gestürzt ist ...“
(Stanley Lane-Poole 1897 in „Die Mauren von Spanien“. Zitiert nach Fletcher in „Moorish Spain“)

Seit dieser Darstellung sind mehr als 100 Jahre intensiver Forschung vergangen, die zu einem differenzierteren Bild der Geschichte Spaniens mit seinen christlichen, jüdischen und muslimischen (maurischen) Bewohnern geführt hat. Auf dieser Grundlage richtet sich der Text dieses Büchleins an alle, die sich für das Leben der Juden unter muslimischer und christlicher Herrschaft auf der Iberischen Halbinsel bis zu ihrer Vertreibung 1492 interessieren. Es ersetzt keine Reiseführer, die Sehenswürdigkeiten und andere Attraktionen beschreiben. Aber er ergänzt sie und versucht, ein möglichst differenziertes Bild der Geschichte des widersprüchlichen Zusammenlebens von Juden unter muslimischer und christlicher Herrschaft zu zeichnen. Dazu gibt es eine kaum überschaubare Zahl umfangreicher Publikationen – aber nur wenige komprimierte Darstellungen für Leser mit geringen Vorkenntnissen. Diese Lücke soll hier geschlossen werden.

Schlagwörter wie „maurische Prachtbauten", „Goldenes Zeitalter der Juden", „Convivencia" (Koexistenz, Zusammenleben von Juden, Muslimen und Christen), aber auch „Spanische Inquisition" locken Reiselustige auf die Iberische Halbinsel.
Der hier betrachtete Zeitraum, von den ersten gesicherten Belegen für die Anwesenheit von Juden auf der Iberischen Halbinsel bis zu ihrer Vertreibung umfasst weit über tausend Jahre. Lange Zeit lebten Juden, Muslime und Christen friedlich neben- und miteinander. In anderen Perioden kam es zu Verfolgungen – bis zur endgültigen Vertreibung der Juden aus Spanien 1492 und der Muslime aus Portugal um 1600.
In diesem Text versuche ich, die verschiedenen Epochen und die Verbindungen zwischen ihnen transparent zu machen.

Von Juden mit sephardischem Hintergrund, wie Isaak ben Juda Abravanel* (spanischer Finanzier, 1460 bis 1521), Baruch de Spinoza (Philosoph aus Amsterdam, 1632 bis 1677) oder Benjamin d'Israeli (Premierminister Englands, 1804 bis 1881), hatte ich schon früh gehört. Meine Abhandlung erzählt die Geschichte ihrer ursprünglichen Heimat und über die Bedingungen, unter denen sie lebten.

Für Unterstützung danke ich Timotheus Arndt, Edith Meinhardt, Karin Hanig, Hazel Rosenstrauch, Leni Lopez, Alexander Atanassow, Gerd Schwerhoff und vor allem meiner Frau für ihre ständige Bereitschaft, den Fortgang der Arbeit kritisch zu begleiten.

Wer sind die Sepharden?

Seit dem zweiten Jahrhundert bezeichneten die Juden die Iberische Halbinsel, die von den Römern Hispanien genannt wurde, als Sepharad. Ihre Nachfahren nennen sich Sepharden (hebräisch Sephardim).
Sepharden bilden heute einen Teil der jüdischen Bevölkerung Israels, es gibt sephardische Gemeinden in den USA, in Lateinamerika, einige wenige noch in Nordafrika und in anderen Gebieten – kaum in den Niederlanden und in Deutschland. Sie alle haben jüdische Vorfahren, die einst auf der Iberischen Halbinsel lebten. Britannica schätzt die Zahl der Sepharden zu Beginn des 21. Jahrhunderts weltweit auf 1,5 Millionen. Andere Schätzungen nennen weit höhere Zahlen.

Das kollektive jüdische Gedächtnis bewahrt mit der Erinnerung an Sepharad das jüdische Goldene Zeitalter und als herausragende Figur Moses ben Maimonides* (1135 bis 1204). Aber auch die Tragödie der gewaltsamen Vertreibung der Juden 1492 durch die Katholischen Könige* Isabella I. von Kastilien (1451 bis 1504) und Ferdinand II. von Aragón (1452 bis 1516).
 Durch ihre Beiträge in den Bereichen Wissenschaft, Handel, Medizin und Verwaltung spielten Juden eine bedeutsame Rolle in der Entwicklung Spaniens. Ihr Anteil an der Gesamtbevölkerung war jedoch verschwindend klein: 1050 lebten etwa sieben bis neun Millionen Menschen auf der Iberischen Halbinsel, darunter 50.000 bis 55.000 Juden, somit unter einem Prozent. Da die meisten Juden im Gegensatz zur übrigen Bevölkerung in Städten lebten, dürfte dort ihr Anteil wesentlich höher gewesen sein. So lebten beispielsweise im 15. Jahrhundert über 500 Juden in der Stadt Avila. Das entsprach etwa 8 % der dortigen Bevölkerung.

Sepharden und andere Juden

Die heutigen sephardischen Juden und deren Nachfahren kommen aus Spanien, Portugal, Nordafrika und dem mittleren Osten. Dagegen werden Juden aus Frankreich, Deutschland, Süd- und Osteuropa als Aschkenasen bezeichnet. Aschkenas ist der mittelalterliche jüdische Ausdruck für Deutschland. Vor dem Holocaust lebten die meisten osteuropäischen Juden in Polen, Russland und der Ukraine. Sie waren Aschkenasen (hebräisch Aschkenasim). Viele von ihnen sprachen bis ins 20. Jahrhundert Jiddisch. Aus diesem Sprachraum stammt auch die Klezmer-Musik. Viele dieser Aschkenasen pflegten alte religiöse (orthodoxe) jüdische Traditionen. Noch heute sind männliche orthodoxe Aschkenasen (sie stellen in unseren Tagen aber eine Minderheit dar) häufig an ihrem Hut, dem Bart und dem schwarzen Anzug zu erkennen. Die aus dem deutschen Sprachraum stammenden Juden wie Albert Einstein, Sigmund Freud oder Marcel Reich-Ranicki waren ebenfalls Aschkenasen, jedoch mit Deutsch als Muttersprache und meist nicht religiös.

Auf mittelalterlichen Illustrationen jüdischer Künstler sehen wir sephardische Juden meistens mit einer eng anliegenden Kappe aus Stoff. Dagegen tragen aschkenasische Juden symbolhaft einen Judenhut mit hoher Spitze.

Im engeren Sinne unterscheidet man heute zwischen den aus Spanien und Portugal stammenden Nachfahren der Sepharden und denen aus Nordafrika und dem Nahen Osten. Letztere werden als Mizrachim (hebräisch für „die Östlichen") bezeichnet.

Sepharden und Aschkenasen haben viele Gemeinsamkeiten. Abweichungen gibt es zum Beispiel beim Gottesdienst in den Melodien, bei einigen Gebetstexten und in der Aussprache der hebräischen Texte. Heute verwenden jedoch auch viele aschkenasische Synagogen die sephardische Aussprache, da diese in Israel vorherrschend ist.

Ladino, die Sprache der Sepharden

Ähnlich wie das Jiddische der osteuropäischen Aschkenasen auf einem mittelalterlichen Deutsch basiert, beruht Ladino – die ursprüngliche und auch heute noch gepflegte Sprache der Sepharden – auf dem Kastilischen. Ladino, auch als Judenspanisch bezeichnet, enthält Elemente aus dem Hebräischen und Aramäischen, aber auch aus dem Arabischen. Später kamen Anleihen aus dem Türkischen, dem Italienischen, dem Griechischen und Slawischen hinzu – je nach dem Gebiet, in dem die Sepharden nach ihrer Vertreibung aus Spanien siedelten.

Geografische und zeitliche Abgrenzung

Wenn nicht ausdrücklich anders vermerkt, werden hier die Begriffe Spanien, Sepharad und Hispanien gleichbedeutend für das Gebiet der römischen Provinz Hispanien auf der Iberischen Halbinsel verwendet – also für das heutige Spanien und Portugal. Damit folge ich den meisten Publikationen über die Sepharden.
Die Muslime, auch Mauren genannt, (wahrscheinlich vom Griechischen mauros, dunkel), bezeichneten ursprünglich die gesamte Iberische Halbinsel als al-Andalus. Für die Herkunft der Bezeichnung al-Andalus gibt es verschiedene Annahmen: Möglicherweise abgeleitet von „Land der Vandalen". Nach Georg Bossong war der Name schon in vorrömischer Zeit bekannt. Ab dem 11. Jahrhundert, mit dem Beginn der Rückereroberung durch die Christen, beschränkte man den Begriff al-Andalus (spanisch Andalucía) auf die von den Muslimen besetzten Gebiete.

Nach der Ausweisung von 1492 konnten nur getaufte, also zum Christentum konvertierte Juden, in Spanien bleiben. Für sie und ihre Nachfahren war über Jahrhunderte das

Vorgehen der Spanischen Inquisition prägend. Die Inquisition untersuchte, ob die neuen Christen ihre jüdischen Traditionen tatsächlich, und nicht nur vorgeblich, aufgegeben hatten. Deshalb wird hier die Spanische Inquisition ausführlich behandelt – auch wenn sie erst vierzehn Jahre vor der Ausweisung der Juden eingesetzt wurde.

Der folgende Text beschreibt das Leben der Juden in Spanien von den weitgehend im Dunkeln liegenden Anfängen bis zu ihrer Ausweisung 1492. Die Ausgewiesenen und deren Nachfahren lebten unter fremden Wirtsvölkern. Auch wenn sie weiterhin viele Elemente ihrer Sprache (Ladino), des Brauchtums und religiöser Traditionen pflegten, so änderten sich doch die äußeren Lebensbedingungen, je nach dem Gastland, grundlegend. Diese Veränderungen sind nicht Gegenstand dieser Arbeit.

Verwendete Bezeichnungen und Schreibweisen

Mit Christen werden, wenn nicht weiter differenziert, die damals vorherrschenden Katholiken bezeichnet.

Im Hebräischen lauten die Pluralbezeichnungen Sephardim und Aschkenasim. Hier werden die im Deutschen gebräuchlichen Bezeichnungen Sepharden und Aschkenasen verwendet.

Für zum Christentum konvertierte Juden ist die Bezeichnung Marranen verbreitet. Sie leitet sich vermutlich vom spanischen Wort für Schwein ab. Laut Encyclopedia Judaica sollte der Begriff negative Gefühle hervorrufen. Ich bevorzuge deshalb den Begriff Konvertiten.

Die meisten Publikationen über die Juden in Spanien sind in Englisch erschienen. Das widerspiegelt auch das Literaturverzeichnis.

Kurzbiografien von Personen, die mit einem „*" gekennzeichnet sind, finden sich im Abschnitt „Ausgewählte Biografien".
Für Orte und Namen wurde die deutsche Bezeichnung gewählt – meist so, wie von Wikipedia angegeben. Falls der
Ausdruck nur im Englischen vorhanden ist, diente Encyclopedia Judaica als Vorlage.

Wann kamen Juden auf die Iberische Halbinsel?

Mythen um die ersten Juden auf der Iberischen Halbinsel

Um den Anfang jüdischen Lebens auf der Iberischen Halbinsel ranken sich verschiedene Mythen. Damit versuchten die Juden aus unterschiedlichen Gründen nachzuweisen, dass sie schon sehr lange in Spanien beheimatet gewesen sind. Besonders auch, um sich gegen die Ausweisung von 1492 zu wehren.

Angeblich hatten sich Juden schon zur Zeit des Königs Salomon (10. Jahrhundert v. Chr.), also lange vor dem Tode Jesus (ca. 30 n. Chr.), in Spanien niedergelassen. Das sollte belegen, dass die Juden auf der Iberischen Halbinsel nicht für die Kreuzigung Jesus in Jerusalem verantwortlich gemacht werden konnten und folglich keine Feinde des Christentums waren. Diese Behauptung wurde in einer spanischen Chronik aus dem 15. Jahrhundert festgehalten. Auch hätten sich die Juden um die Entwicklung des Landes aus den anfänglich barbarischen Zuständen verdient gemacht: So entwickelten sie angeblich Toledo, Escalona und weitere Städte und bewohnten schon Mérida zeitgleich mit den Römern. Sie seien folglich die eigentlichen Ureinwohner Spaniens. Wie kann man da die Ausweisung aller Juden 1492 rechtfertigen?

Diese Behauptungen wurden wiederholt und mit biblischen Zitaten der Propheten Zacharias (12:7) oder Obadja (1:20) begründet. So zum Beispiel von Isaac Abravanel (1460 bis 1521) in seinen 1493 verfassten Kommentaren zum Buch der Könige.

Hier noch zwei weitere Beispiele, welche die lange Anwesenheit von Juden in Spanien belegen sollten:

Juden vernichten niemals religiöse oder andere wichtige Schriftstücke. Sie sammeln diese an einem geweihten Ort (Geniza). Die berühmteste Geniza ist die von Kairo, wo Schriftstücke etwa seit dem Jahr 800 n. Chr. aufbewahrt wurden. Darunter auch ein Brief, der sich auf die Zeit Alexander des Großen (356 v. Chr. bis 323 v. Chr.) bezieht. Demnach hätten Babylonier an Gelehrte aus Jerusalem die Empfehlung gegeben, nach Spanien zu gehen. Dort würden sie jüdische Gelehrte aus der Zeit der ersten Ausweisung aus dem Königreich Juda (597 v. Chr.) antreffen.

Angeblich fand man um 1480 einen Grabstein in der Stadt Murviedro (heute Sagunt, Provinz Valencia) mit der Inschrift: „Das ist das Grab von Adoniram, dem Schatzmeister König Salomons (10. Jahrhundert v. Chr.), der kam, um Steuern einzusammeln und starb." Dazu schreibt Guilherme Faiguenboim: „Heute wissen wir, dass ein großer Teil der Inschriften, die in Gräbern und auf Grabsteinen gefunden wurden, durch die Juden selbst geändert worden sind. Damit wollten sie ihr Recht auf Aufenthalt in Spanien historisch begründen."

Waren Juden schon zur Zeit der Römer auf der Iberischen Halbinsel?

Gesichert ist: In römischer Zeit lebten Juden an vielen Orten rings um das Mittelmeer. Das erfahren wir zum Beispiel aus der Apostelgeschichte des Lukas über die Missionsreisen des Paulus von Tarsus. Paulus reiste im ersten Jahrhundert n. Chr. von einer jüdischen Gemeinde zur anderen als Missionar, um für die Lehre von Jesus zu werben. Auch der häufig zitierte Hinweis von Strabo (63 v. Chr. bis 63 n. Chr.), den Flavius Josephus (37 oder 38 n. Chr. bis 100 n. Chr.) als Beleg für die weite Verbreitung des Judentums anführt, weist auf viele Gemeinden außerhalb von Palästina hin: „Heutzutage sind diese Juden bereits in alle Städte gekommen und es ist schwer, einen Platz auf der bewohnbaren

Erde zu finden, der nicht diesen Stamm aufgenommen hätte, und der nicht von ihnen in Besitz genommen wurde." So ist es sehr wahrscheinlich, dass sich Juden auch in der römischen Provinz Hispania (so bezeichneten die Römer die Iberische Halbinsel einschließlich Teile Nordafrikas) niederließen.

Der Anteil der Juden im römischen Imperium wird auf 25 % im Gebiet des östlichen Mittelmeeres, im Durchschnitt des gesamten Imperiums auf ca. 10 % geschätzt. Vermutlich siedelten sich Juden in Spanien (wie auch in Deutschland) im Gefolge der römischen Eroberer an. Diese Juden kamen als Fernhändler aus dem Orient. Förderlich für den Fernhandel waren die rund um das Mittelmeer gelegenen jüdischen Gemeinden. Diese dienten beim Warentransport als vernetzte Stützpunkte. Hebräisch als einheitliche religiöse Sprache ermöglichte den Händlern eine länderübergreifende Verständigung unabhängig von den im Alltag gesprochenen Regionalsprachen. Zugleich bot das jüdische Recht, die Halacha (rechtliche Auslegung der fünf Bücher Mose), den Händlern eine von allen Beteiligten anerkannte Rechtsgrundlage zur Behandlung von Unstimmigkeiten.

Beispielhaft für eine römische Stadt im heutigen Spanien sei Mérida (Emerita Augusta) genannt. Die Stadt wurde 25 v. Chr. als Kolonie für römische Veteranen gegründet.

Erste Belege für die Anwesenheit von Juden

Die Grabinschrift von Adra

In Adra (Abdera), an der Südküste Spaniens gelegen, wurde im 18. Jahrhundert eine Grabinschrift auf einer Marmorplatte entdeckt. Das ist einer der ältesten materiellen Belege für den Aufenthalt von Juden auf der Iberischen Halbinsel. Ausgehend vom Schriftbild wurde der Fund auf das 3. Jahrhundert n. Chr. geschätzt. Eine genauere Zeitbestimmung mit moderneren wissenschaftlichen Methoden ist nicht möglich, da der Stein 1927 letztmalig gesehen wurde. Die lateinische Inschrift auf der Marmortafel lautet:

> Annia (?) Salomonula, Alter 1 Jahr 4 Monate
> 1 Tag, jüdisch.

Der dreisprachige Grabstein von Tortosa

Im Kloster der Kathedrale von Tortosa ist ein dreisprachiger Grabstein (Hebräisch, Lateinisch und Griechisch) aus Marmor ausgestellt. David Noy datiert ihn auf das 5. bis 6. Jahrhundert. Die Inschrift auf dem Grabstein, übersetzt aus dem Hebräischen, Griechischen und Lateinischen von Dr. Timotheus Arndt, lautet:

Übersetzung aus dem Hebräischen
> Friede über Israel!
> Dieses Grab ist (von) Millasa,
> Tochter des Herrn Juda
> und der Frau Maris.
> Dem Andenken des Gerechten zum Segen.
> Ihre Seele zum ewigen Leben.
> Ihre Seele ruhe im Bündel des Lebens.
> Amen.
> So sei der (himmlische) Wille.
> Frieden.

Übersetzung aus dem Lateinischen
> Im Namen des HERRN.
> >> Pentagramm 7-armiger Leuchter<<
> Hier ist (die) Gedenkstätte
> Wo ruht
> In gutem Andenken Meliosa,
> Tochter des Judentums
> und der Frau Maries.

Sie lebte vierundzwanzig Jahre
Mit Frieden.
Amen.

Übersetzung aus dem Griechischen
Im Namen des HERRN.
Hier ist (die) Gedenkstätte
Wo ruht
In gutem Andenken Meliosa,
Tochter des Judantos
Und der Frau Mares/Maris.
Sie lebte vierundzwanzig Jahre.
In Frieden.
Amen.

Vermutlich wurde der Stein 1771 entdeckt, 1936, während des Spanischen Bürgerkrieges, in das Stadtmuseum von Tortosa gebracht und 1944 in eine Wand des Klosters der Kathedrale von Tortosa eingebaut. Vor seiner Entdeckung diente er wahrscheinlich zur Unterstützung einer Türangel. Deshalb das Loch im griechischen Teil des Textes und die schlechte Lesbarkeit wegen des Abriebs.

David Noy gibt zur Dreisprachigkeit folgende Erklärung: „Es gibt in Spanien christliche Inschriften aus dem 6. Jahrhundert in Griechisch und es scheint, dass jüdische Gemeinden an der Ostküste Mitglieder hatten, die sowohl Griechisch wie auch Lateinisch sprachen. Deshalb wollten wichtige Mitglieder ihre Grabinschriften beiden Gruppen zugänglich machen. Der Gebrauch des Hebräischen geht viel weiter als in irgendeiner vergleichbaren spanischen Inschrift und könnte wiederum die Bedeutung und Gelehrtheit der Familie unterstreichen. [...] bemerkt, dass das Hebräische der Familie ein Gefühl des Herausgehobenen gegenüber den christlichen Nachbarn gibt.“

Das Konzil von Elvira

Um 300 n. Chr. traten in Elvira, in der Nähe des heutigen Granada, 19 Bischöfe und 24 Vorsteher aus 37 christlichen Gemeinden der fünf iberischen Provinzen zusammen. Die Versammlung ging als das Konzil von Elvira (auch als Synode von Elvira bezeichnet) in die Kirchengeschichte ein. Da sich das Konzil auch mit den Beziehungen zwischen Juden und Christen befasste, ist anzunehmen, dass zu dieser Zeit Juden auf der Iberischen Halbinsel lebten.

In vier Festlegungen (Kanons) des Konzils von Elvira werden verschiedene Beziehungen zwischen Juden und Christen unter Strafe gestellt. Offensichtlich war der Umgang zwischen den Angehörigen der beiden Konfessionen so eng und so häufig, dass sich die katholische Kirche damit auseinandersetzen musste. Sie traf deshalb auf dem Konzil folgende Festlegungen:

- Christliche Mädchen dürfen keine Juden heiraten.
- Grundbesitzer dürfen, zur Erhöhung des Ertrages der Ernte, das Getreide auf dem Feld nicht von Juden segnen lassen. Sonst verliert der christliche Segen seine Wirksamkeit.
- Priester dürfen nicht mit Juden gemeinsam essen.
- Ehebruch eines Christen mit einer jüdischen Frau wird bestraft.

Verfehlungen wurden mit dem Ausschluss vom Abendmahl oder mit Verstoß aus der Kirche geahndet.

Jüdisches Leben vor der muslimischen Eroberung

Tolerante arianische Westgoten regieren Hispanien

In der Schlacht von Vouillé im Jahre 507, nahe Poitiers, verloren die Westgoten den größten Teil Galliens (etwa das heutige Frankreich, Belgien, Teile Westdeutschlands sowie

Norditalien) an die Franken. Sie mussten auch die bisherige Hauptstadt Tolosa (heutiges Toulouse) ihres Reiches aufgeben und verlegten ihr Machtzentrum nach Toledo. Von Toledo aus regierten die Westgoten große Teile Hispaniens.

Die schon vor der Einnahme durch die Westgoten in Spanien ansässigen Juden bildeten zahlreiche Gemeinden. Sie lebten nach ihren Traditionen: hielten Schabbat, feierten Feste, beschnitten ihre Kinder, beachteten die Speisegesetze und urteilten nach jüdischem Recht.

Die Westgoten waren zunächst arianische Christen (benannt nach dem Priester Arius, 256 bis 336). Gegenüber Juden verhielten sich die Arianer tolerant. Dafür gibt es verschiedene Begründungen:

- Religiöser Fanatismus und Intoleranz scheinen bei den Arianern nicht verbreitet gewesen zu sein.
- Die Westgoten betrachteten sich als Erben der römischen Machthaber auf der Iberischen Halbinsel. Sie übernahmen römische Gesetze, die Organisation der Verwaltung und Latein als Schrift. Unter römischer Herrschaft wurde die Eigenständigkeit der Juden weitgehend geachtet. So erhielten die Juden im Jahre 212 unter Kaiser Caracalla das römische Bürgerrecht. Mithin durften auch Juden Verwaltungsposten bekleiden, mussten aber auch Militärdienst leisten. Auch wenn diese Privilegien in der Folgezeit eingeschränkt wurden – die Diskriminierung war nicht existenzbedrohend. Diese Grundeinstellung den Juden gegenüber scheinen die Westgoten übernommen zu haben.
- Die Westgoten waren gegenüber der ansässigen Bevölkerung Spaniens in der Minderheit. Deshalb war es für sie schwer, ihre eigenen Wertvorstellungen durchzusetzen. Auch war die römische Kultur tief in der vorgefundenen Gesellschaft verankert. Sie wurde von den Westgoten als die überlegene Kultur anerkannt und teilweise übernommen.

- Die Westgoten waren ursprünglich Nomaden. Für Handel und Gewerbe hatten sie wenig Verständnis. Diese Aufgaben überließen sie den in Hispanien lebenden Römern und den Juden.

Beginnende christliche Judenfeindschaft

Bereits auf dem ersten Konzil von Nicäa (heutiges Iznik in der Türkei) im Jahre 325 bekannten sich fast alle anwesenden Bischöfe zur christlichen Trinitätslehre. Fortan galt die arianische Richtung des Christentums als häretisch (ketzerisch). Die Bücher von Arius wurden verbrannt. Ihr Besitz wurde mit der Todesstrafe geahndet.

587 war der westgotische König Rekkared I. (Regentschaft 586 bis 601) von der arianischen zur Mehrheitsrichtung des Christentums übergetreten und erklärte diese zur Staatsreligion in Hispanien. Das beförderte die Verschmelzung von Westgoten mit Römern und die Bildung einer religiös homogenen Bevölkerung.

Auf dem 3. Konzil von Toledo (589) wurden die Juden betreffende Beschlüsse gefasst: So wurden Hochzeiten zwischen Juden und Christen verboten. Wenige Jahre später mussten die Juden innerhalb eines Jahres zum Christentum übertreten und 638 wurde postuliert, dass nur Christen in Spanien leben durften.

In den Gesetzen werden Judentum und Häresie in einem Atemzug genannt. Deshalb konvertierten viele Juden, unter Zwang und gegen ihre Überzeugung, zum Christentum. Einige praktizierten ihr Judentum heimlich weiter. Man nannte diese Juden „judaisierende Christen". Das staatliche Ziel war eine homogene christliche Gesellschaft, und dieses Ziel wurde mit drakonischen Maßnahmen durchgesetzt. Es sollte keine Juden mehr auf (christlichem) spanischem Territorium geben.

Judenfeindliche Gesetze im Lex Visigothorum

In den aus den Jahren 642/643 stammenden einheitlichen Rechtsvorschriften für Römer und Goten „Lex Visigothorum" (Spanisch: El Libro de los Juicios) gibt es den Abschnitt „Die Ausrottung der Irrtümer aller Häretiker und Juden betreffend". Darin heißt es:

- Juden sollen ihre Speisen nicht in „rein" und „unrein" aufteilen, wie es ihren Gebräuchen entspricht.
- Kein Jude soll einen Christen der Tortur unterziehen. [Damit sollte verhindert werden, dass ein aus christlicher Sicht Ungläubiger sich über einen Christen erhebt – Anm. d. Verf.]
- Allen Christen ist es verboten, einen Juden zu verteidigen oder zu schützen – weder unter Gewalt noch als Gefälligkeit.
- Judaisierende Christen betreffend „... erklären wir durch den folgenden Erlass: Immer wenn gewiss ist, dass ein Christ, gleich welchen Geschlechts, und speziell mit christlichen Eltern [bezieht sich wohl auf Eltern, die bereits getauft wurden – Anm. d. Verf.], eine Beschneidung oder irgendeinen anderen jüdischen Brauch praktiziert, oder irgendetwas anderes von Gott Verbotenes getan hat, soll er einen schändlichen Tod erleiden ... unter den erfindungsreichsten und entsetzlichsten Torturen, die man sich vorstellen kann; damit er lerne wie schrecklich und abscheulich die Straftat ist, die er so schändlich verübt hat. Alles Eigentum einer solchen Person soll zum Nutzen des königlichen Schatzamts eingezogen werden, damit seine Erben und Verwandten nicht durch Einverständnis mit seinen Fehlern vergiftet werden."

Diese Festlegungen nehmen die Handlungsvorschriften der Spanischen Inquisition vorweg, auch wenn diese erst ab 1480 wirksam wurde.

Die unter Zwang getauften Juden befürchteten, als nicht gesetzestreue Christen bestraft zu werden. Deshalb verfassten sie 654 eine zutiefst unterwürfige und sich selbst verleugnende Denkschrift an den König. Daraus einige Auszüge:

- „Der Verrat, der herrührt aus der Verstocktheit und der Antipathie unserer Vorfahren, hat uns so sehr beeinflusst, dass wir an unseren Herrn Jesus Christus nicht wahrhaftig glaubten und nicht aufrichtig den katholischen Glauben umarmten … Wir werden künftig keinerlei jüdischen Bräuche oder Riten beachten und werden auch nicht mit irgendeinem nicht getauften Juden Geschlechtsverkehr haben.“
- „Wir werden auch nicht irgendeine mit uns bis ins sechste Glied blutsverwandte Person [also mit jüdischem Hintergrund – Anm. d. Verf.] heiraten. Eine derartige Verbindung wäre inzestuös.“
- „Sollte unter uns ein Sünder sein, der die Verpflichtungen der katholischen Religion in Wort oder Tat zu erfüllen vernachlässigt, so soll er verbrannt oder gesteinigt werden, entweder durch uns oder unsere Söhne.“

Die Rechtsvorschriften des „Lex Visigothorum“ hatten über Jahrhunderte hinweg Bedeutung für die Entwicklung Spaniens:

Nach der Besetzung der Iberischen Halbinsel im Jahre 911 durch Muslime blieben die Gesetze weiterhin dort gültig, wo sie nicht mit muslimischen Gesetzen kollidierten.
Im Zuge der Reconquista ließ Ferdinand III. von Kastilien (1199 bis1252) die Gesetzessammlung vom Lateinischen ins Kastilische übertragen. In dieser Form blieb sie bis in die Neuzeit von Relevanz.

Die nachhaltigste Wirkung zeitigten die erzwungene Taufe von Juden und das Verbot jüdischer Traditionen. Damit wurde eine Entwicklung eingeleitet, zu deren Durchsetzung

die Spanische Inquisition installiert wurde. Dies führte
schließlich zur Ausweisung der Juden im Jahre 1492. Das
Misstrauen, das die Spanische Inquisition getauften Juden
entgegenbrachte, beeinflusste das Leben der getauften Juden und deren Nachfahren noch über Jahrhunderte.

21

al-Andalus – das muslimische Spanien

Muslime erobern große Teile der Iberischen Halbinsel (711)

Um 570 wurde der spätere Prophet Mohammed in Mekka, im heutigen Saudi-Arabien, geboren. Aus seinen Visionen entwickelte sich die muslimische Religion, die bis heute gesetzgebend für alle Lebensbereiche in den muslimischen Staaten ist. Sie breitete sich im folgenden Jahrhundert schnell auf große Teile des Kaukasus, auf die Indusregion und den Norden Afrikas einschließlich Marokkos aus.

Im Jahre 711 führte Tariq ibn Ziyad (um 670 bis 720) ein Heer von ca. 7000 Berbern von Nordafrika auf die Iberische Halbinsel. Die Berber waren ein muslimischer kriegerischer Stamm. Mit ihren Booten überquerten sie die Straße von Gibraltar, die an ihrer schmalsten Stelle nur 14 km breit ist, und landeten am Jabal Ṭāriq (Berg des Tarik). Die spanische Ableitung des arabischen Namens ist Gibraltar.

Aus der ursprünglichen Expedition zur Erkundung des Gebietes auf der gegenüberliegenden Seite des Mittelmeers wurde schnell ein ausgedehnter Feldzug. Er endete mit der Eroberung des größten Teiles der Iberischen Halbinsel. Der zügige Vormarsch wurde dadurch erleichtert, dass sich Roderich (König der Westgoten in Hispanien von 710 bis 711) zur gleichen Zeit mit seiner Armee im Norden Spaniens aufhielt. Er kämpfte dort gegen die Basken. Im Juli 711 wurden die Westgoten in der Schlacht am Río Guadalete vernichtend geschlagen und Roderich fiel.

Erst 732 wurden die muslimischen Armeen in der Schlacht von Poitiers bei ihrem Vormarsch nach Westen aufgehalten. Sie fand auf der Römerstraße von Tours nach Poitiers (damals Gallien) statt und wird deshalb auch als Schlacht von Tours bezeichnet. Der Sieg der Franken unter Karl Martell (um 690 bis 741, Großvater von Karl dem Großen) stoppte die weitere Ausbreitung des Islam in Europa. Abgesehen von Teilen der Iberischen Halbinsel blieb Europa christlich. Deshalb wird diese Schlacht von einigen Historikern als welthistorisch bedeutsam bewertet.

In den folgenden Jahrhunderten, bis zur vollständigen Re-Christianisierung der Iberischen Halbinsel, unterschied sich die Entwicklung Spaniens von der des übrigen Europa.

Einige Gebiete im Norden und Osten blieben immer christlich oder wurden nur kurzzeitig von Muslimen besetzt: Asturien, Leon und Kastilien, Aragón, Katalonien mit den Städten Santiago de Compostela, Burgos, León, Porto, Pamplona, Toledo, Barcelona.

Von 711 bis 1492 bildete der muslimisch besetzte Teil der Iberischen Halbinsel das Gebiet al-Andalus. Von 756 an wurde al-Andalus über etwa 150 Jahre von den Emiren von Córdoba regiert. Danach zerfiel das Gebiet in zahlreiche muslimische Reiche, die Taifa-Reiche. Nach dem Fall von Granada im Jahre 1491 beherrschten die Christen Spanien vollständig. Damit hörte al-Andalus auf zu existieren.

Die Grenzen von al-Andalus variierten. Der Herrschaftsraum der Muslime nahm bis 1491 kontinuierlich ab, das von Christen beherrschte Gebiet nahm entsprechend zu.

Der Anteil der Juden an der Gesamtbevölkerung von al-Andalus betrug weniger als ein Prozent. Da der größte Teil der Juden in Städten lebte, war dort der Anteil von Juden erheblich höher. Genauere Angaben über die Zahl der Juden in al-Andalus und Córdoba sind mir nicht bekannt.

Die rechtliche Stellung von Juden und Christen im islamischen Herrschaftsbereich

Die muslimischen Herrscher betrachteten die unter ihrer Herrschaft lebenden Juden und Christen als Angehörige von Buchreligionen: Die jüdische Religion beruht auf der Thora (die fünf Bücher Mose), die christliche auf der Bibel, bestehend aus dem Alten (im Wesentlichen gleich der Thora) und Neuen Testament.

Die im Folgenden aufgeführten muslimischen Gesetze geben die grundsätzlichen Vorschriften für das Zusammenleben mit Angehörigen anderer Religionen wieder. Tatsächlich konnte im Einzelfall, wenn es den Herrschenden nützlich erschien, davon erheblich abgewichen werden.

- Für Nicht-Muslime, also Juden und Christen, gilt das islamische Recht.
- Die Herrscher erheben gegenüber den Nicht-Muslimen keine Besitzansprüche.
- Das weltliche und das religiöse Recht bilden eine Einheit.
- Die religiöse Freiheit wird garantiert.

Nicht-Muslime (Dhimmi) sind Geduldete. Die Muslime gehen mit den Angehörigen der Buchreligionen ein Vertragsverhältnis (Dhimma) ein. Dieses beinhaltet eine Schutzverpflichtung der Muslime gegenüber Nicht-Muslimen. Als Gegenleistung haben die Nicht-Muslime Steuern in Form einer Kopfsteuer (Jizya) zu entrichten. Muslime sind von dieser Steuer befreit.

Die Jizya musste in der Regel von gesunden, freien und volljährigen Männern entrichtet werden. Sie sollte keine zu große Belastung für die Dhimmis sein. Im Pakt des Omar (634 bis 644) sind die Schutzgarantien festgeschrieben.

Daneben führt der Pakt des Omar weitere Vorschriften auf:

- Nicht-Muslime dürfen Muslime nicht bekehren, somit nicht zum Verlassen des Islam ermutigen.
- Kein Nicht-Muslim darf über einem Muslim stehen. [Die Zahlung der Jizya erfolgte oft mit einer Geste symbolischer Unterwerfung - Anm. d. Verf.]
- Nicht-Muslime dürfen keine Kirchen oder Synagogen bauen.
- Es ist ihnen nicht gestattet, religiöse Rituale in der Öffentlichkeit zu zelebrieren.

Damit regelte die muslimische Gesetzgebung die Rechte und Pflichten für Juden. Das Aufenthaltsrecht war gesetzlich garantiert. Im Gegensatz dazu mussten sich die Juden in christlich regierten Regionen ihr Aufenthaltsrecht fortwährend neu erkaufen. Ein Recht auf Aufenthalt bestand nicht – die Juden konnten vom Herrscher jederzeit ausgewiesen werden.

Die Muslime tolerierten Nicht-Muslime nicht zuletzt aus wirtschaftlichen Gründen: Muslime mussten keine Steuern bezahlen. Jedoch waren sie zur Nächstenliebe in Form von Spenden für Bedürftige verpflichtet. Das folgt aus dem Koran als eine der fünf Säulen des Islam. Mit den Spenden wurden zum Beispiel Hungersnöte gelindert oder Arme mit passender Kleidung ausgestattet, um Hochzeiten und andere Festivitäten angemessen begehen zu können.

Dagegen waren die Kopf- und Grundsteuern der Nicht-Muslime eine wichtige und berechenbare Einnahmequelle des Staates. Das ist einer der Gründe, weshalb der muslimische Staat über lange Zeit nicht auf die Konversion von Nicht-Muslimen zum Islam drängte: Mehr Konversionen bedeuteten weniger staatliche Einnahmen.

Für den jüdischen oder christlichen Konvertiten konnte eine Konversion von Vorteil sein: Besonders in Städten öffneten sich dadurch Zugänge zu besseren Beschäftigungsmöglichkeiten. Zum Beispiel zu einer Stellung in der sich ausbreitenden Bürokratie. Der Konversion einer angesehenen Person folgten oft deren Familien und Nachbarn. Dieser Prozess wurde noch verstärkt, als sich die Überzeugung ausbreitete, dass die Herrschaft der Muslime nicht vorübergehender Natur wäre, sondern vermutlich länger andauern könnte.

Einen Einblick in die Umsetzung des islamischen Rechts zeigt die Marktordnung des muslimischen Sevilla aus dem frühen 12. Jahrhundert. In welchem Umfang die Anordnungen auch tatsächlich befolgt wurden, lässt sich nicht sagen:

- Einem Muslim ist untersagt, Juden oder Christen zu massieren, deren Abfall zu entsorgen oder deren Latrinen zu reinigen. Juden und Christen sind dafür besser geeignet, weil ihre Tätigkeiten niedriger sind.
- Ein Muslim soll weder das Tier eines Juden oder Christen beaufsichtigen noch als Maultiertreiber dienen noch seine Steigbügel halten. Andernfalls soll der Muslim bestraft werden.
- Kein Unternehmer oder Wachmann, ob Jude oder Christ, darf sich wie Leute dieser Position oder wie ein Jurist oder würdiger Mann kleiden. Im Gegenteil: Sie müssen verabscheut und gemieden werden und dürfen nicht mit „Friede sei mit euch" begrüßt werden. Denn der Teufel hat Macht über sie und sie dahin gebracht, den Namen Gottes zu vergessen.
- Die Juden sollen sie unterscheidende Zeichen tragen, damit sie an ihrer Schande erkannt werden können.

Handel und Produktion

Bereits seit den Phöniziern, Griechen, Karthagern und Römern war der Fernhandel um das Mittelmeer etabliert. Mit Arabisch hatte al-Andalus eine gemeinsame Sprache mit den Gebieten von ganz Nordafrika bis hin in den Nahen Osten, was den Fernhandel erleichterte.

Ursprünglich stark auf Importe angewiesen, entwickelte sich al-Andalus zum Exporteur von Schmiedeeisen, Glas, Keramik, Produkten aus Papier und Textilien aus Wolle. Lederwaren aus Córdoba waren begehrt. Ebenso feine, vorzüglich gefärbte Seidenware. Diese Produkte wie auch Eisen, Kupfer und Quecksilber fanden Absatz rund um das Mittelmeer. Importiert wurden Gold und Elfenbein.

Um 885 berichtet der Geograf Ibn Khurradadhbih, dass sowohl Pelze als auch Sklaven aus den westlichen in die östlichen Mittelmeerregionen exportiert wurden. Als Sklaven erwähnt er Slawen, Griechen, Franken und Lombarden. Im 9. Jahrhundert gab es einen Sklavenmarkt in Baena, nahe dem heutigen spanischen Marbella. Dort kauften auch Juden Sklaven und handelten mit ihnen.

Landwirtschaft, Bewässerung, Agrarwissenschaft

Entscheidend für die Entwicklung von al-Andalus war die Bewässerung: Dadurch wurden unfruchtbare Flächen zu grünen Oasen. Bewässerung war auf der Iberischen Halbinsel bereits vor den Muslimen bekannt. Die Muslime verbesserten die römischen Bewässerungssysteme, deren Prinzip vorwiegend auf der Verteilung des Wassers durch Schwerkraft beruhte. Die Einführung von Wasserrädern für Wasserschöpfwerke ermöglichte, auch kompliziertes Terrain zu bewässern. Die Schaufeln der Wasserräder hoben das Wasser von einem niedrigeren Niveau in höher gelegene Kanäle. Durch diese Kanäle wurde das Wasser zu den Feldern geleitet. Dadurch konnten größere Gebiete bewirtschaftet werden. Ein solches Wasserrad kann man heute noch in Córdoba besichtigen.

Eigens zur Beilegung von Streitigkeiten über die Verteilung des Wassers wurden Schiedsgerichte gebildet. Angeblich tagte ein solches Schiedsgericht in Valencia jeden Mittwoch bis in die Neuzeit.

Neben der verbesserten Bewässerung führten die Muslime auch neue Obstsorten und Nahrungsmittel ein, die sich Mitte des 10. Jahrhunderts an die klimatischen Bedingungen von al-Andalus angepasst hatten. Dazu zählten Reis, Hartweizen, Hirse, Granatäpfel, Orangen, Zitronen, Bananen, Wassermelonen, Spinat, Auberginen, Zuckerrohr, Feigen, Trauben, Artischocken, Gewürze und weitere landwirtschaftliche Produkte wie Baumwolle.

Wegen der Fortschritte in der Landwirtschaft konnten die Felder jährlich bestellt werden und nicht nur alle zwei Jahre wie in der Antike.

Während im sonstigen Europa die Landwirtschaft vornehmlich nach überlieferten Methoden betrieben wurde, betrachtete man die Landwirtschaft in al-Andalus als Wissenschaft. So gab beispielsweise Abu Zacaria aus Sevilla im 12. Jahrhundert das „Buch der Landwirtschaft" heraus. Auf ungefähr 1.000 Seiten fasste er das Wissen seiner Zeit zusammen: Bewässerung, essbare Pflanzen, Gemüse, Gebrauch von Düngemitteln, Tierkrankheiten und entsprechende Heilmethoden.

Zunehmender Wohlstand

Die Verbindung von neuen Kulturen mit dem breiten Einsatz von Bewässerung brachte erhebliche ökonomische und soziale Vorteile: Reis ist billig und nahrhaft. Hartweizen wächst in trockenerem Klima als Weichweizen und der geringere Gehalt an Wasser ermöglicht längere Lagerung.

Durch all diese Maßnahmen litt die Bevölkerung seltener Hunger. Das Angebot an mehr Obst und Gemüse führte zu einer gesünderen Ernährung der Bevölkerung. Die ausgedehnte Bewässerung erweiterte die jährliche Vegetationsperiode und machte die Bauern weniger abhängig von den

Zufälligkeiten des Wetters. Im Ergebnis nahm die Produktivität zu, die Stabilität von Versorgung und Preisen wuchs, das Einkommen der Züchter stieg, was diese wiederum zu Innovationen ermutigte.

Diese Entwicklungen erhöhten den Wohlstand der Andalusier. Die Städte wuchsen, die Menschen aßen gesünder und abwechslungsreicher. Sie hatten mehr Freizeit, in der sie spielten (z. B. Schach) und ihre Gärten nach ästhetischen Kriterien entwickelten.

Hygiene in al-Andalus

Die Hygiene in den Städten von al-Andalus war deutlich weiter entwickelt als in den christlichen Städten zur gleichen Zeit. Die große Verbreitung von Latrinen in den meisten andalusischen Häusern war ein Fortschritt im Vergleich zu dem Zustand in anderen Teilen des mittelalterlichen Europa, wo es nur selten Latrinen oder unterirdische Abwassersysteme gab.

In mittelalterlichen islamischen Städten wurde die öffentliche Hygiene nicht durch städtische Behörden geregelt, sondern direkt durch die Bürgerschaft. Das stand im Einklang mit dem Gebot des Korans, anderen Muslimen nicht zu schaden.

Latrinen bestanden aus einer Trittfläche mit einer Rinne in der Mitte, die mit einer Sickergrube oder einer Abwasserleitung verbunden war. Der Benutzer hockte sich über die Rinne – im Unterschied zu Sitztoiletten in den christlichen Gebieten.

In ländlichen Gegenden oder am Stadtrand mit Platz für eine Jauchegrube wurde der Abtritt direkt mit dieser Grube verbunden. In städtischen Gebieten waren Abwassersysteme verbreitet, die in unterirdische Kanäle mündeten. Das Spülwasser für die Kanäle wurde aus Brunnen gewonnen. Im Gegensatz dazu wurden in christlichen Gebieten jener Zeit die Behälter mit der Kloake meist direkt in Rinnen an der Straße entleert. Wenn verfügbar, wurden die Rinnen mit Wasser gereinigt, spätestens aber beim nächsten Regen. Die Folge war ein fürchterlicher Gestank, besonders an warmen Tagen. Die sich in der Kloake entwickelnden Bakterien waren eine der Ursachen für die entsetzlichen Pest-Seuchen im Mittelalter.

Goldenes Zeitalter der Juden in al-Andalus

Juden lebten in jüdischen Vierteln (Aljamas). In ihren Gemeinden hatten sie administrative Rechte und organisierten ihre Angelegenheiten selbst. Die Juden hatten ein eigenes Gerichtssystem. Der Bet Din, das Rabbinatsgericht, beurteilte sowohl religiöse als auch zivile Streitfälle nach religiösem Recht. Die Richter und alle Offiziellen einer Gemeinde wurden jährlich gewählt.

Die Herrscher in al-Andalus förderten den Erwerb von privatem Land und auch Bankgeschäfte unter Juden. Die aus muslimischer Sicht Ungläubigen mussten lediglich eine Sondersteuer entrichten.

Wie die Christen wurden auch die Juden von der islamischen Kultur beeinflusst. So verwendeten die Juden eher Arabisch für ihre Gebete als Hebräisch oder Spanisch. Der bedeutende jüdische Gelehrte Moses ben Maimonides verfasste einige seiner Werke auf Arabisch. Vor dem Betreten der Synagoge wuschen sich die Juden Hände und Füße – ein Brauch, der auch vor dem Besuch einer Moschee üblich ist. Arabische Melodien wurden für jüdische Gesänge adaptiert. Juden kleideten sich im Stil ihrer maurischen Nachbarn, auch wenn es ihnen nicht erlaubt war, Seide oder Pelz zu tragen.

Bis die Almoraviden 1055 zur Macht kamen, führten die Juden in al-Andalus ein ungestörtes Leben. Vielfach wird diese Phase als *Goldenes Zeitalter des Judentums* bezeichnet. Die Juden arbeiteten weiter als Geldverleiher, Juweliere, Schuster, Schneider und Färber. Sie mussten aber eine unterscheidbare Kleidung tragen, zum Beispiel einen gelben Turban.

Eine wesentliche Verschlechterung trat mit der Übernahme der Macht durch die Almohaden 1148 ein. Diese vertraten einen intoleranten Islam.

Goldenes Zeitalter der Juden in Spanien und Architektur von Synagogen im 19. Jahrhundert

Auf dem Weg zur Gleichberechtigung der Juden im 19. Jahrhundert, drückte sich das gewachsene Selbstbewusstsein auch in der Architektur der Synagogen aus: Als eigenständiges Stilelement jüdischer Sakralbauten, das sie damit von den Kirchen der christlichen Mehrheitsgesellschaft unterschied, und in der verklärten Erinnerung an das Goldene Zeitalter der Juden, wurden Bezüge zum Orient populär. Dafür einige Beispiele:
* 1840 der Innenraum der Dresdner Synagoge
* 1866 die Synagoge in der Oranienburger Straße in Berlin
* 1857 Synagoge in Stuttgart
* 1859 die Synagoge in Budapest

Das Kalifat von Córdoba (929 bis 1031)

Übersicht

Abd ar-Rachman I., der Eroberer der Iberischen Halbinsel, gründete 756 das Emirat von Córdoba. 929 nahm Abd ar-Rahman III. (889 bis 961) den Titel eines Kalifen an. Aus dem Emirat wurde das Kalifat. Es bestand bis 1031. Die Dynastie der Umayyaden, Nachfahren eines Familienclans aus Mekka, starb mit dem Ende des Kalifats von Córdoba aus.

Das Kalifat von Córdoba dehnte sich auf mehr als der Hälfte der Fläche Spaniens aus. Wirtschaft, Wissenschaft, Handel und Kultur nahmen einen bemerkenswerten Aufschwung.

Das Kalifat von Córdoba war das Zentrum islamischer Kultur und arabischer Sprache des muslimischen Westens. Es galt als eines der reichsten und kultiviertesten Reiche seiner Zeit. Im Rahmen einer großen Bautätigkeit wurde unter anderem die Palaststadt Madīnat az-zahrā (um 940 fertiggestellt) bei Córdoba errichtet, die wohl eine der größten städtischen Ansiedlungen im Mittelmeergebiet war. Die Palaststadt wurde bereits 1010 zerstört.

Nach internen Auseinandersetzungen löste sich das Kalifat von Córdoba 1012 auf und zerfiel in einzelne kleine Königreiche und Fürstentümer, die Taifa-Reiche.

Neben dem Kalifat von Córdoba bestanden noch die christlichen Reiche Kastilien, León und Navarra sowie die Grafschaft Barcelona, die Tribute an das Kalifat zahlen mussten. Nach dem Sturz des Kalifats erfolgte ein schneller Niedergang: Córdoba wurde von dem christlichen König Ferdinand III. von Kastilien in Jahre 1236 eingenommen und erreichte später niemals wieder ihre frühere Bedeutung.

Córdoba, eine Weltstadt

Córdoba muss die Zeitgenossen zutiefst beeindruckt haben – auch wenn die nachfolgend angegebenen Zahlen voneinander abweichen und wahrscheinlich stark übertrieben sind:

Stellen Sie sich einen Reisenden vor, der zur Zeit von Ab ar-Rahmann III, von 912 bis 929 achter Emir und von 929 bis 961 erster Kalif von Córdoba, die Stadt besuchte. Aus Köln kommend, einer der größten Städte des Heiligen Römischen Reiches mit etwa 18.000 Einwohnern, erreichte unser Reisender Córdoba – eine Stadt mit etwa 450.000 Einwohnern, 700 Moscheen, 300 öffentlichen Bädern und über 70 Bibliotheken. Die 21 Vororte hatten gepflasterte und erleuchtete Straßen, es gab Gärten und Brunnen. Papier, damals im Westen noch unbekannt, ist reichlich vorhanden. Der Reisende war von den Eindrücken wie geblendet!

Wissenschaft

Gegen Ende des 1. Jahrtausends war Córdoba das intellektuelle Zentrum Europas. Studenten aus allen Teilen Europas strömten herbei, um von arabischen, christlichen und jüdischen Gelehrten unterrichtet zu werden. Die verschiedenen Glaubensrichtungen begegneten sich gegenseitig mit einer gewissen Toleranz.

Der Erwerb von Wissen war in al-Andalus hoch angesehen. Innerhalb der arabischen Welt war die Algebra der Andalusier führend. Astronomie, Medizin, Botanik und Geografie wurden erforscht und gelehrt.

Dafür sei hier das Beispiel von Maslama al-Madschriti (gestorben um 1007 in Córdoba) angeführt. Er war ein arabischer Astronom, Mathematiker, Alchemist, Gelehrter und Ökonom. Maslama al-Madschriti gab die Tabellen des Astronomen al-Khwarizm aus Bagdad für die geografische

Länge von Córdoba neu heraus. Auch übersetzte er Ptolemäus´ Planisphaerium in das Arabische – ein Beispiel für die Rezeption griechischer Wissenschaft im Spanien des 10. Jahrhunderts. Weiterhin schrieb Maslama al-Madschriti ein Lehrbuch über gewerbliche Arithmetik und eine Abhandlung über das Astrolabium. Das Astrolabium ist ein Instrument, mit dem die Himmelsdrehung simuliert und die Position der Sterne berechnet werden kann. Daraus kann die geographische Breite des Standortes des Benutzers bestimmt werden.

Vielleicht waren die Bibliotheken die auffälligste Besonderheit von al-Andalus. Der Besitz wertvoller Bücher erhöhte das Ansehen der Kalifen, Wesire und Würdenträger. Jeder von ihnen hoffte, die klügsten Gelehrten und außergewöhnlichsten literarischen Talente anzuziehen. Angeblich wurden in Córdoba Bücher eifriger gesucht als schöne Konkubinen oder Juwelen.

Die Bibliotheken des maurischen Spanien enthielten nahezu eine Million Manuskripte. Die Große Bibliothek von Córdoba umfasste um die 400.000 Bände. Für ihre Verwaltung wurden 48 Katalog-Bände erstellt. Dagegen hatten um 1150 die beiden größten europäischen Bibliotheken (Avignon und Sorbonne) nur etwa 2.000 Bände.

Neben der Hauptbibliothek in Córdoba gab es im 10. Jahrhundert insgesamt siebzig Bibliotheken: einige in Toledo, Universitätsbibliotheken in Córdoba, Sevilla, Malaga, Granada und auch in zahlreichen Moscheen. Hinzu kamen viele private Bibliotheken. Es wird behauptet, dass Córdoba im 10. Jahrhundert den größten Buchmarkt in der westlichen Welt aufwies.

Zum Aufspüren, Erwerb und Kopieren seltener Bücher entstand ein neuer Wirtschaftszweig. Das benötigte Papier kam zunächst aus China und wurde über Bagdad eingeführt. Die erste Herstellung von Papier auf europäischen

Boden erfolgte in Xàtiva in der Provinz Valencia um 1150 durch Mauren. Darüber berichtet der andalusische Geograf, Kartograf und Ägyptologe Al Idrisi: „Dort [in Xàtiva – Anm. d. Verf.] wird ein solches Papier hergestellt, wie man es sonst nirgendwo in der zivilisierten Welt findet. Es wird nach Osten und Westen exportiert."

Möglicherweise gehörte unser Reisender zu Europas Adel, der noch nicht einmal seinen Namen schreiben konnte. Dagegen gingen in Córdoba die Kinder zur Schule. Vielleicht aber war er ein des Lesens und Schreibens kundiger Mönch, der aus einer Klosterbibliothek kam, deren Größe kaum mehr als 2.000 Manuskripte betragen haben dürfte. Er schrieb auf Pergament, bearbeitete Tierhaut, wohingegen in Córdoba schon auf Papier geschrieben wurde.

Die gesellschaftlichen Bedingungen für die Entwicklung von Wissenschaft, Buchproduktion und Bibliotheken waren in al-Andalus günstiger als im sonstigen Europa:
- Politische Unruhen, Krankheiten und Armut behinderten im christlichen Europa im 7. und 8. Jahrhundert die Herstellung von Büchern durch Mönche.
- Der Aufwand, einen Schreiber auszubilden und ihn mit Unterkunft, Tinte und Pergament zu versorgen, war bis zum 12. Jahrhundert unglaublich hoch. Erst danach traten friedlichere Zeiten ein, in denen sich Alphabetisierung und Wohlstand zu entwickeln begannen.

Andalusien entging diesen Schwierigkeiten über etwa fünf Jahrhunderte. Das verschaffte der Literaturproduktion von Anfang des 8. bis Mitte des 13. Jahrhunderts eine nahezu ununterbrochene wirtschaftliche Grundlage.

Straßen, Beleuchtung, Hygiene

Statt bei Regen auf schlammigen Straßen, ging der Reisende hier über gepflasterte Straßen. Abwasser und Fäkalien wurden nicht einfach auf die Straße geleitet, wie es bis in die Mitte des 19. Jahrhunderts in den Städten Zentraleuropas üblich war. In Córdoba wurde das Abwasser über unterirdische Kanäle abgeführt.

Statt qualmender Fackeln gab es Gaslicht als Straßenbeleuchtung. Und erst hinter den Fassaden: Ein öffentliches Bad war dem Reisenden aus Köln nicht bekannt. In Córdoba konnte er unter 300 Bädern wählen und dazu noch mit warmem Wasser! Während Europa von Ungeziefer geplagt wurde, wechselte man in Córdoba täglich die Unterwäsche.

Moschee und Palaststadt

Unser Reisender war sicher beeindruckt von der riesigen Moschee, der heutigen Mezquita-Kathedrale. Wo einst ein römischer Tempel stand, errichteten die Westgoten eine Kathedrale. Ab 784 wurde an eben dieser Stelle eine Moschee errichtet, die um 987 ihre heutigen Ausmaße erreichte. Später dann, unmittelbar nach der christlichen Rückeroberung im Jahre 1236, wurde das islamische Minarett mit einem christlichen Kreuz versehen.

Etwa 10 km westlich von Córdoba entstand ab 940 die Palaststadt Madinat al-Zahra als Sitz des Kalifen von Córdoba. Ein Komplex aus Marmor, Stuck, Elfenbein und Onyx. Die Bauzeit betrug vierzig Jahre und die Kosten verschlangen etwa ein Viertel der Einnahmen Córdobas. Madinat al-Zahra wurde im 11. Jahrhundert zerstört. Auch wenn die Restaurierung noch nicht abgeschlossen ist, erhielt Madinat al-Zahra 2018 den Status als Weltkulturerbe.

Lebensstil in Córdoba

Parallel zur Entwicklung der Ökonomie und der Wissenschaften verfeinerte sich der Lebensstil. Ali Ibn Nafi (789 bis 857), auch als Ziryab bekannt, war ein Sänger und Dichter und verfügte über Kenntnisse in der Astronomie und Geografie. Aus Bagdad kommend, brachte er dortige höfische Sitten und Gepflogenheiten nach Córdoba und entwickelte sie weiter. Er wurde zum Trendsetter für Mode, Musik, vornehme Umgangsformen wie das Servieren von Speisen, die Aufteilung der Mahlzeiten in einzelne Gänge mit festgelegter Speisenfolge, persönliche Hygiene.

Woher kam der Reichtum?

Eine Quelle des Reichtums war der Export landwirtschaftlicher Güter wie Feigen aus Malaga. Seltene Rohstoffe, z. B. Quecksilber von den Zinnober-Minen in Almadén, zwischen Córdoba und Toledo gelegen, wurden in die gesamte islamische Welt verkauft.

Ibn Hawkal besuchte 948 al-Andalus als arabischer Reisender. Von ihm wissen wir, dass unter den Fertigprodukten Textilien an erster Stelle standen. Ibn Hawkal betonte die Bedeutung von Samt und Filz sowie des Leinens, das nach Ägypten exportiert wurde. „Ihre Färber bewirken Wunder", bemerkte er. Das förderte den Handel zusätzlich, denn die Farbstoffe kamen zum Teil aus weit entfernten Ländern. In dem Brief eines jüdischen Händlers aus Kairo aus dem Jahr 1000 lesen wir vom Handel mit Brasilholz, das Ausgangsmaterial für einen von Indien bis Spanien begehrten roten Farbstoff ist. Eine weitere Einnahmequelle bildete der Handel mit Gefangenen.

Die Juden in Córdoba

Erstmalig wurden Juden in Córdoba im Jahre 840 erwähnt. Das Jüdische Viertel befand sich nahe dem Palast (Alcazar) südwestlich der Stadt. Noch heute kann man verbliebene Teile davon besichtigen. Dabei ist die Synagoge von besonderem Interesse. Sie entstand 1315 nach der Rückeroberung durch die Christen (s. Abschnitt „Mudéjar-Stil").

Über Córdoba schreibt das Tourismusportal Córdoba 24:
„Das historische Stadtzentrum von Córdoba hat sein Flair aus längst vergangenen Zeiten weitgehend bewahrt. Die Judería, das damalige jüdische Viertel, bietet Schätze maurischer Baukunst und neben verwunschenen Ecken und Winkeln tagsüber ein hektisches touristisches Treiben. Vor allem ein Bummel durch die engen Gassen, an die sich weiß getünchte Häuser schmiegen, und durch blumengeschmückte Höfe abseits der Touristenströme lohnt sich. Seit jeher, vor allem unter der Herrschaft Abd al-Rahmans III., war die Judería geistiges und kulturelles Zentrum Córdobas und der gesamten Region. Bis heute gilt die Judería als das bedeutendste Viertel der Stadt. Sie wurde 1994 von der U-NESCO zum Weltkulturerbe erklärt, nachdem zehn Jahre zuvor bereits die berühmte Mezquita (Moschee und Kathedrale) mit diesem Titel geehrt wurde. Córdoba ist die spanische Stadt mit den meisten Weltkulturerbestätten."

In der Stadt lebte u. a. Chasdai ibn Schaprut* (ca. 915 bis 970). Als Übersetzer und Diplomat erreichte er bei Hofe höchste Anerkennung und nutzte sie zur Unterstützung jüdischer Künstler.

Wechselseitige Beeinflussung der drei Religionen

Wie sich die drei Religionen in al-Andalus gegenseitig beeinflussten, erfuhr ich in einem Gespräch mit Prof. Georg Bossong 2012. Er sprach über die Dichtkunst in al-Andalus, während der Kulturepoche des maurischen Spaniens, wie er die Periode nannte.

> Obwohl diese Epoche des Zusammenlebens der drei Religionen Christentum, Judentum und Islam einen zentralen Platz in der europäischen Kultur- und Geistesgeschichte einnimmt entstand in dieser Zeit eine große, nur wenigen bekannte Dichtung. Diese artikulierte sich in arabischer und hebräischer Sprache. Es gehörte zu den Besonderheiten des maurischen Spaniens, dass auch der lokale Dialekt zu literarischen Ehren gelangte und auf die jüdische Kultur ausstrahlte. Im 1. Jahrtausend n. Chr. war die hebräische Sprache auf den religiösen Bereich beschränkt. In al-Andalus öffnete sie sich erstmals wieder weltlichen Themen wie der Liebe, der Natur und dem Weingenuss. Die Juden konnten sich unter islamischer Herrschaft frei entfalten und waren vor allem im 10. Jahrhundert am Hof der Emire und später der Kalifen sehr geschätzt. Sie bekleideten hohe und höchste Ämter und waren wegen ihres diplomatischen Geschicks, ihrer Sprachkenntnisse und ihrer Weltläufigkeit gefragt. In dieser höfischen Atmosphäre blühte auch die Dichtkunst. Als Beispiel sei Dunasch ben Labrat* (Mitte 10. Jh.) genannt. Er führte

die Dichtung nach arabischem Vorbild ins Hebräische ein und schuf dafür die technischen Voraussetzungen.

Dunasch ben Labrat hatte einen Weg gefunden, wie man die arabischen Metren im Hebräischen nachbilden könnte. Damit hat er die andalusisch-hebräische Dichterschule in einem technischen Sinne begründet.

Zerfall des Kalifats, Taifa-Königreiche

Übersicht

Nahezu 100 Jahre war al-Andalus mit dem Kalifat von Córdoba als Zentrum der kulturvollste, der gebildetste, der reichste, am bestens regierte, stärkste und bekannteste Staat der westlichen Welt.

Während der Regentschaft von Almansor (al-Manṣūr, de facto Alleinherrscher von 978 bis 1002 für den Umayyaden-Kalifen im Kalifat von Córdoba) verstärkten sich die Spannungen in al-Andalus. Damals erzielte Almansors Söldnerarmee, zusammengezogen aus verschiedenen Gegenden von al-Andalus, bedeutende Siege gegen christliche Städte.
Spektakulär war die Einnahme von Santiago de Compostela im äußersten Nordwesten Spaniens. Santiago hatte sich seit 830 wegen des dort vermuteten Grabes des Apostels Jakobus zu einem der bedeutendsten christlichen Wallfahrtsorte entwickelt. Das muslimische Heer raubte die Glocken der Jakobus-Kathedrale und brachte sie in das etwa 1.000 Kilometer entfernte Córdoba. Dort verblieben die Glocken, bis der christliche Eroberer von Córdoba, König Ferdinand III., sie 1236 nach Santiago zurückbrachte.

Innerhalb von 50 Jahren veränderte sich die Situation grundlegend: Das Kalifat von Córdoba brach kurz nach Erreichen seines militärischen Höhepunkts zusammen. Eine Ursache war die Schwächung der Autorität der Umayyaden, die bis dahin die Kalifen gestellt hatten. Der Hauptgrund waren vermutlich die anhaltenden Feindseligkeiten zwischen Arabern, Berbern, Sklavenbeamten, Juden, zum Islam konvertierten Spaniern und arabisierten Christen.

Nach dem Untergang des Kalifats von Córdoba im Jahre 1031 zerfiel al-Andalus in zahlreiche Kleinkönigreiche, die

Taifa-Reiche. Sie nahmen die Kultur des untergegangenen Kalifats von Córdoba zum Vorbild.

Die folgenden nahezu 500 Jahre bis zum endgültigen Ende von al-Andalus waren von Kämpfen der Taifa-Königreiche gegeneinander und der schrittweisen Rückeroberung (Reconquista) der islamischen Gebiete durch christliche Heere gekennzeichnet.

Die nachstehenden Ausführungen stützen sich im Wesentlichen auf die Beschreibung der Erlebnisse von Abdallah ibn Buluggin (1056 bis nach 1090) über das Entstehen der Taifa-Königreiche:

> Als die Dynastie von al-Mansur [938 bis 1002, faktischer Beherrscher des Kalifats von Córdoba – Anm. d. Verf.] an ihr Ende kam und das Volk ohne Führer war, erhob sich jeder Militärführer in seiner Stadt. Er verschanzte sich hinter den Mauern seiner Festung, sicherte seine Position, schuf seine Armee und erweiterte seine Ressourcen. Diese Leute rangen miteinander um weltliche Macht und jeder versuchte, den anderen zu besiegen.

Die Taifa-Königreiche entstanden um die großen Städte wie Toledo, Granada, Sevilla, Córdoba und führten Kriege gegeneinander. Die Führer der Taifas waren so unterschiedlich wie die Gesellschaft von al-Andalus: In den südlichen Teilen der Iberischen Halbinsel stammten die Könige von reichen arabischen Familien ab, die in dem früheren Kalifat führende Positionen innehatten. Das waren die Herrscher von Sevilla, Saragossa und Córdoba. Weiter nördlich regierten vorwiegend Berber. Sie hatten dort seit dem 8. Jahrhundert gesiedelt, weil die Natur ähnlich war wie in ihrer Heimat Nordafrika.

Keine Glaubenskriege

Die Kriege zwischen den muslimischen Taifa-Königreichen waren nicht ethnisch oder religiös bestimmt. Es ging schließlich um Macht. Da die stärkeren Taifas die schwächeren besiegten, nahm die Zahl der Taifa-Reiche von den 1000er-Anfangsjahren bis 1080 von dreißig auf neun ab.

Häufig luden Taifa-Könige christliche Könige ein, um gegen andere muslimische Reiche zu kämpfen. Das erste Taifa-Königreich, das die Hilfe von Christen erbat, war Córdoba bei seinem Krieg mit Berber-Kriegern. Zwischen 1010 und 1013 dienten in beiden Kriegsparteien christliche Söldner.

Infolge der Einbeziehung christlicher Armeen kam es zur Ausdehnung christlicher Staaten. Indem die christlichen Herrscher nach Süden vordrangen, eroberten sie Gebiete und erweiterten so ihre eigenen Territorien. Einst muslimische Städte wurden nun christlich regiert.

Auch wirkten sich die Kriege erheblich auf die ökonomische Situation aus. Für die militärische Unterstützung der Taifa-Königreiche mussten diese enormen Abgaben leisten, was ihre Abhängigkeit von den christlichen Unterstützern weiter erhöhte. Hätte sich diese Entwicklung fortgesetzt, wären die muslimischen Taifa-Reiche im 11. und 12. Jahrhundert vollständig christianisiert worden.

Juden unter Almoraviden

Um die weitere Ausdehnung der christlich regierten Gebiete aufzuhalten, riefen Taifa-Könige nordafrikanische Berber, Almoraviden, zu Hilfe. Diese hatten große militärische Erfahrungen und vertraten einen strengen Islam. Mit ihrer Hilfe wurde Sevilla 1086 gegen das christliche Heer von Alfons VI. von Kastilien verteidigt, der bereits Toledo eingenommen hatte. Bis 1093 setzten die Almoraviden alle Führer der Taifa-Königreiche, mit Ausnahme des neu gegründeten Taifa-Königreichs von Valencia, ab. 1102 besetzten die Almoraviden Saragossa. Danach verloren sie große Gebiete an die Christen.

Das Leben der Juden vor und während der Herrschaft der Almoraviden verlief ohne größere Probleme. Klagen über Exzesse oder sonstige Bösartigkeiten der Behörden gegenüber den jüdischen Gemeinden sind nicht verbucht – im Gegensatz zu den Schwierigkeiten, die unter den auf die Almoraviden folgenden Almohaden auftraten.

Juden unter Almohaden

Die Almohaden waren, ebenso wie die Almoraviden, ein muslimischer Berberstamm. Nachdem 1172 Sevilla vor den Armeen der Almohaden kapituliert hatte, brachten diese alle islamischen Gebiete Spaniens unter ihre Kontrolle.

Im Unterschied zu den Almoraviden waren die Almohaden Fanatiker, die einen sittenstrengen Islam propagierten und durchsetzten. Sowohl gegenüber ihren muslimischen Gegenspielern als auch gegenüber den Juden waren sie intolerant. Sie zerstörten die jüdischen Gemeinden von Córdoba und Granada. Juden sahen sich gezwungen, zum Islam zu konvertieren oder aus dem Land zu fliehen, was viele Juden auch taten. So floh auch die Familie des in Córdoba geborenen, später berühmten jüdischen Gelehrten Moses ben Maimonides. Offiziell zum Islam übergetretene Juden, die man verdächtigte, heimlich ihre alte Religion zu praktizieren, wurden gezwungen, sich durch besondere Kleidungsstücke erkennbar zu machen.

Taifa-Königreiche werden erobert

Die Herrschaft der Almohaden endete 1212 mit der Schlacht von Las Navas de Tolosa, wo eine christliche Koalition aus Leon, Kastilien, Navarra und Aragón sie vernichtend schlug. Die Taifa-Königreiche waren wieder unabhängig. Aber sie wurden bald von Portugal, Kastilien und Aragón erobert. Nach dem Fall von Murcia (1243) und der Algarve (1249) existierte als einziges muslimisch beherrschtes Gebiet nur noch das Emirat von Granada, das dem christlichen Kastilien tributpflichtig war.

Zusammenleben, Spannungen und Verfolgungen

Die rechtliche Stellung von Juden und Christen im islamischen Herrschaftsbereich war klar geregelt. Juden und Christen hatten Abgaben zu leisten und durften nicht über Muslime herrschen. Auf dieser Grundlage wurde ihnen der Aufenthalt unter Muslimen per Gesetz garantiert.

Tatsächlich aber wich das Zusammenleben häufig von diesen Regeln ab. Etwa wenn Juden hohe Funktionen in der Verwaltung und im Heer einnahmen und damit faktisch über die ihnen untergebenen Muslime herrschten. Es gab vermögende Juden, deren Reichtum mit ärmeren Muslimen zu Spannungen führen konnte. Darüber, wie sich Juden unter muslimischen Herrschern fühlten, geben zwei Dokumente Auskunft:

Einmal ein Gedicht von dem im Abschnitt weiter oben „Wechselseitige Beeinflussung der drei Religionen" erwähnten Dunasch ben Labrat. Das Gedicht „Das Fest im Exil", aus dem Arabischen übersetzt von Georg Bossong, endet:

> „Wie können Wein wir trinken, ja,
> wie nur die Augen heben,
> wenn wir ein Nichts nur sind,
> geschlagen und verachtet?"

Hier kommt die Verzweiflung darüber zum Ausdruck, dass die Juden Bürger zweiter Klasse waren.

Einen weiteren Hinweis gibt uns die illuminierte Haggada aus Barcelona aus dem 14. Jahrhundert. Eine Haggada beschreibt die biblische Geschichte vom Auszug der Juden aus Ägypten – aus der Sklaverei in die Freiheit. Der Text ist seit Jahrhunderten unverändert. Dagegen zeigen die Illustrationen oft Ereignisse aus der Entstehungszeit der Haggada. So auch in der Barcelona-Haggada. Ein Bild illustriert den Text „Einst waren wir Sklaven in Ägypten…" Es zeigt eine Baustelle. Juden schleppen Baumaterial auf einer Leiter nach oben. Hinter ihnen geht ein muslimischer Antreiber, eine Peitsche schwingend.

Das Massaker von 1066

Die Ideale der jüdischen Oberschicht waren das Erlangen politischer Macht, die Harmonie zwischen Religion und säkularer Kultur, das Studium des Talmuds zusammen mit Poesie und Philosophie, die gleiche Beherrschung von Arabisch und Hebräisch. Der Inbegriff dieses Ideals war der Dichter und Halachist Schmuel ha-Nagid* (993 bis 1056). Er diente von etwa 1030 bis zu seinem Tod als Wesir und Befehlshaber der muslimischen Armee von Granada. Er war auch Vorsitzender der jüdischen Gemeinde. Schmuels Nachfolger war sein Sohn Joseph ha-Nagid* (um 1031 bis 1066), dessen Stolz und Ehrgeiz die Feindschaft einiger Muslime erregte, die ihn 1066 ermordeten.

Von Fanatikern inspiriert, griffen die Muslime daraufhin die jüdische Gemeinde von Granada an. Viele Überlebende zogen in andere Städte, insbesondere nach Lucena. Das Massaker von Granada war die erste Verfolgung von Juden im muslimischen Spanien.

Das christliche Toledo, Stadt der drei Religionen

Zusammenleben

Toledo wurde seit 712 von Muslimen beherrscht. Die Zusammenarbeit von Juden, Christen und Muslimen führte zu großen kulturellen und wissenschaftlichen Leistungen.

Aber auch wenn Juden, Christen und Muslime über Jahrhunderte meist in friedlicher Koexistenz lebten, gab es Widerstände. Im Jahre 1449 kam es in Toledo zu einer organisierten Rebellion gegen die zum Christentum konvertierten Juden. Im Ergebnis entstand das erste städtische Statut, das Neu-Christen (so wurden konvertierte Juden und Muslime bezeichnet) von Ämtern in Toledo ausschloss.

Das war der Ausgangspunkt einer spanischen Politik der Blutreinheit (Limpieza de sangre) mit dem Ziel einer einheitlichen katholischen Nation.

Alfons VI. (1037 bis 1109)

Alfons VI., auch Alfons der Tapfere genannt, besetzte am 25. Mai 1085 nach über einjähriger Belagerung die Stadt Toledo. Die Stadt wurde wieder christlich. Erst im Rückblick wird daraus ein Meilenstein der Reconquista.

Nach seinem Einzug in die Stadt garantierte Alfons allen Bewohnern volle Religionsfreiheit, insbesondere den Christen mit muslimischem Hintergrund, die nahezu ein Viertel der Bevölkerung ausmachten. Die Muslime durften ihre große Hauptmoschee behalten, mussten allerdings eine jährliche Kopfsteuer entrichten – so wie die Muslime zuvor die Kopfsteuer von den Christen eingefordert hatten. Das galt ebenso für die große jüdische Gemeinde, die ihre Synagogen und Quartiere behalten durfte.

Nach 1085 wurde Toledo entsprechend seiner Bedeutung zum neuen Sitz des Primats der Kirche von Spanien.

An die Bedeutung Toledos für die Re-Christianisierung Spaniens erinnert an der Zufahrt zu Toledo die monumentale Reiterstatue von Alfons VI. aus dem Jahre 2004. Blickfang ist das große Kreuz des Reiters. Noch heute wird darüber gestritten, ob das der Bedeutung Toledos gerecht wird oder ob es richtiger gewesen wäre, Toledo als geistiges Zentrum dreier Religionen in den Mittelpunkt der Erinnerung zu stellen.

Alfons X. von Kastilien*, genannt El Sabio, der Weise

Eine besondere Bedeutung hatte Alfons X. (1221 bis 1284), König von Kastilien und Leon, für das gemeinsame Wirken von Juden, Muslimen und Christen. Barbara Schieben beschreibt die Situation so:

> „Sein Hof war ein Wissenszentrum ersten Ranges. Hier trafen die Großen seines Reiches zusammen, Diplomaten aus Nah und Fern, Bischöfe und Notare, jüdische Ärzte und arabische Übersetzer, Spielleute und Händler, mithin Vertreter unterschiedlicher sozialer Gruppen aus verschiedenen Regionen und Kulturkreisen. Es wurde beraten und beschieden, geboten und befohlen ... Am Hofe wurde Wissen gesammelt und überarbeitet. Zusammenschau und Revision setzten einen Prozess in Gang, der schließlich seinerseits in der Lage war, neues Wissen zu generieren. Von Nah und Fern wurden die Träger literarischer Bildung und praktischen Könnens gerufen. Fehlten Nachschlagwerke am Hof, so erbat und entlieh man sie aus bedeutenden Klosterbibliotheken. Alfons X., den seine Zeitgenossen ob seiner Klugheit rühmten und den die Nachwelt den ‚Weisen'

nannte, ließ zahlreiche Wissensgebiete bear-
beiten."

Nachstehend werden nur einige der vielen Leistungen aufgeführt, die für die christliche Welt in den folgenden Jahrhunderten von Bedeutung werden sollten.

Übersetzerschule

Nach der Eroberung Toledos wurde eine der größten Bibliotheken der Iberischen Halbinsel auch Christen zugänglich
gemacht. Um die Bestände nutzbar zu machen, rief Alfons X. eine Gruppe von Übersetzern ins Leben, die erst viel
später als „Übersetzerschule Toledos" bezeichnet wurde.
Sie übersetzten die Werke aus dem Arabischen ins Kastilische, meist unter Leitung von Juden.

Wurden Übersetzungen für bis dahin unbekannte wissenschaftliche Themen angefertigt, mussten die Übersetzer
häufig Entsprechungen für arabische Wörter finden oder sie
entlehnten arabische Ausdrücke und führten sie in die Ziel-
sprache ein. Deshalb finden wir noch heute im wissenschaftlichen und technischen Wortschatz europäischer
Sprachen Wörter arabischen Ursprungs.

Dank der Übersetzerschule lernte das lateinische Eu-
ropa aristotelische Logik, griechische Geometrie, arabische
Algebra, indische Trigonometrie und „arabische" (indische)
Ziffern kennen.

Alfonsinische Tabellen (Libros del saber de astrono-
mia)

Durch die Arbeit von etwa fünfzig Astronomen entstanden
die Alfonsinischen Tabellen (auch Tafeln genannt). Sie verbesserten die Ptolemäischen Tafeln aus der Zeit um 100
n. Chr. Die Alfonsinischen Tabellen dienten in Europa während vieler Jahrhunderte zur Orientierung nach dem Stand

der Sterne und damit auch zur Navigation in der Seefahrt. Bis ins 16. Jahrhundert war es das einflussreichste astronomische Werk in Europa.

Aus heutiger Sicht stellt die Arbeitsorganisation, die für das Entstehen eines solchen Werkes erforderlich war, eine beeindruckende Leistung dar. Unzählige elementare Rechenschritte mussten kontrolliert und Methoden zur Koordination der parallel arbeitenden Astronomen entwickelt werden.

Lieder- und Spielesammlung

Die am Hofe Alfons X. entstandene Liedsammlung „Cantigas de Santa Maria" (Lieder der Heiligen Maria) gehörte zu den größten Liedsammlungen des Mittelalters.

1283 erschien das reich illustrierte Buch „Libro de los juegos" (Buch der Spiele), das die Spielregeln verschiedener Brettspiele dokumentierte. Es gilt als die erste und bedeutendste Sammlung von Schachproblemen im Mittelalter.

Stellung der Juden im christlichen Toledo

Mauren und Juden besaßen als unterworfene religiöse Minderheiten denselben Status. Jedoch wurden sie in der Praxis nicht gleichbehandelt. Trotz widersprechenden Gesetzen übernahmen Juden amtliche Stellen. Sie bildeten unter den am Hofe angestellten Nicht-Christen die Mehrheit. Damit folgte Alfons X. einer jahrhundertlangen Tradition auf der Iberischen Halbinsel.

Mit dem Gesetzbuch „Siete Partidas" ließ Alfons X. die in den verschiedenen Reichsgebieten unterschiedlichen Gesetzgebungen vereinheitlichen. Im Gegensatz zu der am Hofe praktizierten Toleranz gegenüber jüdischen Angestellten werden in „Siete Partidas" Mauren und Juden zusammen mit Mördern, Hexen, Betrügern, Ketzern, Selbstmördern, Räubern und anderen Verbrechern genannt. Jedoch kam das Gesetzbuch erst nach dem Tod von Alfons X. zur Anwendung.

Die aufgeführten Gesetze garantierten den Juden physische Sicherheit und das Recht auf Religionsausübung. Offenkundig gab es aber häufig enge Kontakte und auch Annäherungen zwischen den Angehörigen der verschiedenen Religionen. Um Verwechslungen zu vermeiden, mussten sich Mauren und Juden durch ihre Kleidung von den Christen unterscheiden, Juden mussten ein sichtbares „jüdisches Zeichen" tragen. Bei Ehen zwischen Christen und Nichtchristen würden die betroffenen christlichen Frauen mit dem Tode bestraft.

Auch wurden gerichtliche Verfolgungen von Juden wegen Ritualmord (angeblich töteten Juden christliche Kinder, weil sie deren Blut für die jüdische Pessachfeier benötigten) zugelassen.

Gegen Ende seiner Herrschaft änderte sich Alfons' Haltung gegenüber den Juden zum Schlechteren. Im Jahr 1279 ließ er alle jüdischen Steuerzahler inhaftieren. Im Januar 1281 ordnete er die Verhaftung aller Juden an, die am Schabbat die Synagoge besuchten, und forderte für ihre Freilassung ein sehr hohes Lösegeld.

Synagogen

Das Zusammenwirken von Vertretern der drei Religionen kann anhand dreier Synagogen nachvollzogen werden:

Toledo, Synagoge Santa María la Blanca

1180 als Synagoge erbaut, 1405 zur Kirche gewandelt
* Architekt: muslimisch, Plan und Struktur typisch für eine Moschee

- Bauherr: jüdisch, Joseph ibn Shushan, Finanzminister von Alfons XIII.
- Baustil: Mudéjar
- Herrscher: christlicher König von Kastilien

Toledo, Synagoge el Tránsito

1336 als Synagoge erbaut, 1492 zur Kirche umgewidmet
- Architekt: muslimisch, Plan und Struktur typisch für eine Moschee
- Bauherr: jüdisch, Samuel ha-Levi Abufalia, Schatzmeister von Peter von Kastilien
- Baustil: Mudéjar
- Herrscher: christlicher König von Kastilien

Córdoba, Synagoge

1315 als Synagoge während christlicher Herrschaft erbaut
- Baustil: Mudéjar

Mudéjar-Stil

Muslime konnten unter christlicher Herrschaft häufig ihre Religion, Kultur, Gebräuche und die juristische Selbstständigkeit beibehalten. Wenn Christen muslimische Handwerker zum Bau ihrer Kirchen und Paläste heranzogen, dominierte oft der als Mudéjar bezeichnete Stil. Auch Juden bedienten sich beim Bau von Synagogen dieses Stils. Er zeigt den muslimischen Einfluss auf verschiedene christliche Baustile wie Romanik, Gotik und Renaissance.

Typisch war die Verwendung einfacher Baustoffe wie Ziegel, Holz, Gips, Keramik und Stuckatur, verbunden mit ornamentalen Formen der islamischen Tradition. Dazu gehörten Kacheln, Mosaiken, monumentale Holzdecken, maurische Hufeisenbögen, hölzerne Fenstergitter und geometrische Muster auf den Fassaden.

Planet Wissen zum Mudéjar-Stil:

„Im 19. Jahrhundert wird der Stil durch den Einfluss der Romantik wiederbelebt. Dieser Neomudéjar bestimmte die Gestaltung öffentlicher Bauten wie Bahnhöfe, Stierkampfarenen oder Verwaltungsgebäude.
In den 1970er-Jahren löst der sogenannte Postmudéjar den Neomudéjar ab. Er findet seinen Ausdruck vor allem in der Architektur von Ferienanlagen und Hotels. Holzelemente, arabeske Formen und Keramikfliesen – dazu in den typisch maurischen Farbtönen Grün, Blau und Gelb – trifft man bis heute überall an. Wenn heute vom spanischen Dekorationsstil gesprochen wird, ist im Grunde der Mudéjar gemeint.“

Der lange Weg zur Ausweisung 1492

Lange Zeit lebten christliche, muslimische und jüdische Gemeinschaften nebeneinander. Sie näherten sich an in Sprache, Kleidung, Kultur, Nahrung und übernahmen voneinander ganz bewusst so manche Einstellung und Idee. Dennoch gab es eine latente Judenfeindlichkeit bis hin zu grausamen Verfolgungen.

Die rechtliche Stellung der Juden unter Christen

Anders als im islamischen Herrschaftsbereich waren die Juden in den christlichen Gebieten nicht durch das allgemeine Recht geschützt.

- Juden hatten keinen Rechtsanspruch auf Aufenthalt in einem Gebiet. Das Aufenthaltsrecht musste immer wieder mit Schutzgeldern erkauft werden.
- Juden, als sogenannte „Eigenleute", konnten verschenkt oder verkauft werden.

Tatsächlich überschritten die judenfeindlichen Maßnahmen häufig die hier aufgeführten Einschränkungen, die 1492 in der Ausweisung aller Juden gipfelten.

Druck auf Juden zur Konversion

Aus Matthäus 28:19 folgt für Christen die Pflicht, alle Menschen zu taufen:

> „So geht nun hin und macht zu Jüngern alle Völker, und tauft sie auf den Namen des Vaters und des Sohnes und des Heiligen Geistes…" (Schlachter-Übersetzung)

Unter christlichen Herrschern wurden die Juden zur Taufe und damit zur Konversion gedrängt, wobei die Methoden und die Intensität sich zu verschiedenen Zeiten erheblich unterschieden. So wurde Druck auf Juden ausgeübt:

- um 300: Konzil von Elvira
- 642/643: „Lex Visigothorum" (Spanisch: El Libro de los Juicios)
- Erzwungene Besuche von Konversions-Gottesdiensten (In Rom wurde die Pflicht, solche Gottesdienste zu besuchen, erst 1846 aufgehoben.)
- Furcht vor antijüdischen Maßnahmen, die den Disputationen von 1263 und 1413 bis 1414 folgten

Der Druck zur Konversion war oft eng mit der Androhung oder Ausübung physischer Gewalt verbunden. Daneben waren gesellschaftliche Benachteiligungen oder auch innere Überzeugungen Gründe für eine Konversion:

- Um ökonomischen Benachteiligungen zu entgehen und um die Möglichkeiten des gesellschaftlichen Aufstiegs zu nutzen
- Um nicht als Sündenbock für alle ökonomischen, politischen, sozialen und sogar gesundheitlichen Probleme zu dienen
- Aus innerer Überzeugung, auch begünstigt durch das Miteinander von Juden und Christen
- Wegen Unvereinbarkeit mit verbreiteten Ansichten jüdischer Gelehrter

Viele Juden konvertierten aus Enttäuschung darüber, dass kein Messias (Erlöser) zur Linderung der Leiden gekommen war. So wie in Gerona oder wie Abner von Burgos* (1270-1347).

Seit Jahrtausenden träumen Juden vom baldigen Kommen des Messias, der Gottes Königreich auf Erden errichtet und die Menschen von ihrem Leiden befreit. Je stärker das Leiden, desto bereitwilliger wurde dieses als Vorzeichen für

das baldige Erscheinen des Messias gedeutet. Und vielleicht irrten die jüdischen Autoritäten und mit Jesus war der
Messias schon gekommen?

Im Ergebnis religiös motivierter Verfolgungen und Pogrome
von 1391 konvertierte etwa die Hälfte der Juden Spaniens
zum Christentum. Weitere etwa 50.000 waren es um 1415.
Wegen des Alhambra-Edikts traten noch einmal mehr als
200.00 Juden zum Christentum über.

Es ist auffällig, dass viele der führenden Judengegner ehemalige Juden sind, zum Beispiel Paulus de Santa Maria (um
1352 bis 1435), Gerónimo de Santa Fe* (um 1400 bis 1430)
und andere.

Die Verfolgungen von 1391

Den Verfolgungen von 1391 gingen zahlreiche Beschrän-
kungen und Beschuldigungen voraus. Dazu gehörte ab
1250 der Vorwurf, dass Juden Kinder aus rituellen Gründen
ermordeten.

Als um 1350 die Pest Europa heimsuchte, beschuldigte
der Klerus die Juden der Verbreitung des Schwarzen Todes
und stachelte die Bevölkerung zum Handeln an.

Im Jahr 1378 rief der Stellvertreter des Bischofs von
Écija (Andalusien) zur Gewalt gegen Juden auf. Er forderte
die Zerstörung von 23 örtlichen Synagogen. Der Aufruf war
bei den ärmeren Bevölkerungsschichten erfolgreich. Sie
versuchten, durch Verbrennen ihrer von Juden ausgestellten Schuldscheine und durch Beschlagnahme jüdische Güter, ihr Elend zu lindern.

Am 4. Juni 1391 brachen in Sevilla Unruhen aus. Die Tore
der Judería (das jüdische Viertel) wurden in Brand gesteckt
und viele Juden starben. Zwangskonversionen zum Christentum waren an der Tagesordnung, Synagogen wurden in

Kirchen umgewandelt und das jüdische Viertel mit Christen bevölkert.

In Toledo verweigerte ein Jude die Konversion und wurde zum Märtyrer. In Madrid, Cuenca, Burgos und Córdoba wurden Anschläge verübt. Mehr als 250 Juden wurden in Valencia, über 400 in Madrid und ähnlich viele in Barcelona getötet. In vielen kleinen Gemeinden erfolgten Zwangskonversionen.

Auch in Gerona gab es Opfer. Die Juden von Tortosa wurden zwangskonvertiert. Fast alle Gemeinden Aragóns fielen den Verfolgungen von 1391 zum Opfer.

Druck zur Konversion als Folge von Disputationen

Die Initiative für die Disputationen (Streitgespräche) ging von den Christen aus. Die von ihnen vorgegebenen Themen waren:

- Ist der Messias (Erlöser) in der Gestalt von Jesus bereits erschienen?
- Ist Jesus menschlicher oder göttlicher Natur?
- Welcher Glaube ist der richtige?

1263: Disputation von Barcelona

Eine der bedeutendsten Disputationen des Mittelalters war die viertägige Disputation von Barcelona (1263). Ihr voraus gingen der Kreuzzug gegen die Albigenser (1209 bis 1229) mit geschätzt 20.000 Toten. Aus Sicht der römischen Kirche waren die Albigenser Häretiker. Ihre Bewegung ging von der südfranzösischen Stadt Albi aus.

Nach der Pariser Talmud-Disputation von 1240 wurden mehrere Wagenladungen von Thorarollen verbrannt. Diese Erfahrung war so eindringlich, dass Rabbi Meir von Rothenburg 1242 sein berühmtes Trauerlied verfasste, welches bis heute an „Tischa beAv", dem Gedenktag an die Zerstörung

des Jerusalemer Tempels und zur Erinnerung an andere traurige Ereignisse in der Geschichte der Juden, gesungen und gesprochen wird. Damit wusste jeder:
Mit abweichenden Meinungen von kirchlichen Lehrauffassungen ist nicht zu spaßen!

Wenige Jahre nach der Pariser Talmud-Disputation fand auf Befehl des Königs eine Disputation in Barcelona statt. Die jüdische Seite wurde von Rabbiner Nachmanides* (1194 bis 1270) vertreten. Dieser trat an gegen Pablo Christiani*, einen ehemaligen Juden, der die christlichen Ansichten verteidigte.

Die Ungleichheit der Disputation zeigen die Teilnehmer: Nachmanides allein gegen mehrere Christen. Gelegentlich griff auch der König in die Diskussion ein. Die Besonderheit der Disputation war, dass Nachmanides völlige Redefreiheit vom König (wohlgemerkt: nicht von der Kirche) zugesichert worden war. Der König hielt sich daran. Er war nach den vier Tagen so beeindruckt von Nachmanides, dass er persönlich in eine Synagoge kam, um ein Goldgeschenk zu übergeben. So weit, so bemerkenswert.

Aber: Von christlicher Seite wurde ein Prozess gegen Nachmanides angestrebt mit dem Vorwurf der Blasphemie. Die bei einer Verurteilung (und die war gewiss) zu erwartenden Folgen wären für ihn furchtbar gewesen. Dies wissend, floh Nachmanides innerhalb einer Woche nach dem Disput außer Landes und ging nach Palästina.

1413 bis 1414: Disputation von Tortosa

Eine weitere berühmte Disputation war die von Tortosa. Die teilnehmenden Juden waren gezwungen, an dem viele Monate dauernden Disput immer anwesend zu sein. Ihre Familien verarmten, weil die Teilnehmer so lange von zu Hause wegbleiben mussten. Die Disputation war von dem zum Christentum konvertierten ehemaligen Juden

Gerónimo de Santa Fe angeregt worden. Nach dem Disput
wurden viele Juden unter Zwang getauft.

Einsetzen der Spanischen Inquisition

Auf ihren Konzilen legte die mittelalterliche Kirche fest, was
die „rechte Lehre" sei. Abweichungen davon, als Häresie
bezeichnet, wurden bekämpft. Als die häretischen Massen-
bewegungen ab ca. 1140 zunahmen, beispielsweise durch
die Katharer und die Albigenser, wurde deren Verfolgung
institutionalisiert: Papst Lucius III. installierte 1184 die Inquisition als kirchliche Einrichtung. Diese dem Papst unter-
stellte Inquisition existierte nur außerhalb von Spanien.

In Spanien hielten zwangskonvertierte Juden heimlich häufig an ihren Traditionen fest, zum Beispiel an jüdischen
Speisegesetzen, dem Schabbat und anderen jüdischen Ge-
wohnheiten. Diese Juden galten als Schein-Christen.
    Deshalb erhielt Ferdinand II., ab 1474 König von Kasti-
lien und León, 1478 die päpstliche Befugnis, die Inquisition
in Kastilien einzurichten. Sie wurde als Spanische Inquisition bekannt.

> „Die Spanische Inquisition unterscheidet sich
> durch zwei Faktoren von der Inquisition in an-
> deren Ländern: Zum einen ist es vor allen
> Dingen eine staatliche und keine kirchliche
> Veranstaltung. Zum anderen unterscheidet
> sie sich durch die Spielart ihrer hauptsächli-
> chen Zielgruppe: der konvertierten Juden."
> (Gerd Schwerhoff)

Mit der Ausweisung aller Juden aus Spanien im Jahre 1492
war die Angst vor „judaisierenden" Neu-Christen nicht be-
hoben. Deshalb führte die spanische Inquisition noch jahr-
hundertelang Prozesse durch.

Opfer der Spanischen Inquisition

Die überwiegende Zahl der Inquisitionsverfahren richtete sich gegen Juden, die zum Christentum übergetreten waren. Von den 1999 Verfahren, die zwischen 1488 und 1505 in Katalonien durchgeführt wurden, betrafen fast alle, bis auf acht, ehemalige Juden. Allerdings hatten sich die meisten dem Verfahren durch Flucht entzogen.

* Bis 1520 wurden vermutlich weniger als 2.000 Menschen hingerichtet.
* 1818 wurde der letzte jüdische Konvertit von der Inquisition belangt.
* 1826 wurde letztmalig eine Person in Spanien wegen Häresie hingerichtet.
* 1834 wurde die Spanische Inquisition endgültig abgeschafft.
* Schätzungen für die Zahl der Todesopfer bis 1834 reichen von 1.200 bis 2.000. Im Gegensatz zu Tausenden in anderen Ländern als Hexen Verbrannte, betrug die Zahl in Spanien um die 50, weil die Kirchenoberen nicht an Hexen als Verantwortliche für Missstände glaubten.

Wie das Bild von der Inquisition entstand

Unser Bild von der Spanischen Inquisition ist geprägt von Erzählungen oder von in Museen ausgestellten Folterwerkzeugen, zum Beispiel in Córdoba oder Toledo.

Es entstand der Eindruck, dass es sich bei der Spanischen Inquisition um eine willkürliche, blutdürstige Mordmaschinerie gehandelt haben muss. Oft verbunden mit der Annahme, das eigentliche Ziel der Grausamkeiten sei die Aneignung des Besitzes der Opfer gewesen.

Fantasievolle Darstellungen des Grauens, verbunden mit dem Hervorheben der Überlegenheit der Aufklärung – noch ehe wissenschaftliche Arbeiten über die Inquisition vorlagen – beflügelten solche Annahmen. Auch Darstellungen in den Werken bekannter Autoren verzerrten die Realität. So:

- 1783, Friedrich Schiller (1759 bis 1805), im Schauspiel „Don Carlos"
- 1842, Edgar Allan Poe (1809 bis 1849), mit der Kurzgeschichte „Wassergrube und Pendel". Am Ende der Geschichte wird der Gefolterte durch die französische Revolutionsarmee, mit ihren moralisch überlegenen Idealen der Französischen Revolution, gerettet. Die Geschichte beflügelte seinerzeit das Genre der Horrorgeschichte.
- 1855, William Hickling Prescott (1796 bis 1859), ein Plädoyer für die Gedanken der Aufklärung

Wie die Fantasie genährt wurde, zeigt uns Dostojewski (1821 bis 1881) in „Die Brüder Karamasow":

> „Die Handlung spielt bei mir in Sevilla, in der furchtbarsten Zeit der Inquisition, als täglich zum Ruhme Gottes die Scheiterhaufen loderten und die Flammen der prächtigen Autodafés Verbrannten die schändlichen Ketzer ..."

Verstärkt wurden die literarischen Beschreibungen der Spanischen Inquisition durch bildliche Darstellungen wie „Das Inquisitionstribunal" von Francisco de Goya oder „Autodafé auf der Plaza Mayor in Madrid am 30. Juni 1680" von Francisco Rizi.

> „Hauptbrutstätte der Leyendra negra (schwarze Legende) aber waren die Niederlande und ihr Freiheitskampf gegen die Habsburgische Herrschaft, der in Ländern wie England und Deutschland mit Sympathien begleitet wurde. Hier wurde die Inquisition

spätestens seit 1566 zu einem negativ besetzten Symbol für die spanische Fremdherr-
schaft schlechthin." (Schwerhoff)

1906 erschien in New York mit „A History of the Inquisition
of Spain" von Charles Lea (1825 bis 1909) erstmals eine
wissenschaftliche Arbeit über die Spanische Inquisition auf
Grundlage umfangreicher Auswertungen von Dokumenten.
Diese Arbeit gilt bis heute als das Standardwerk.

Davor wurde die Spanische Inquisition vornehmlich von
protestantischen Gelehrten beschrieben. Diese sahen die
Inquisition als Inbegriff für Intoleranz und Kirchenmacht. Für
sie war die Spanische Inquisition verbunden mit der Verfolgung von Protestanten oder Hexen. Tatsächlich jedoch gab
es in Spanien während der Inquisition nur vereinzelt Hexen-
verbrennungen.

Die Realität der Spanischen Inquisition

Die 1478 gegründete Spanische Inquisition wollte „judaisierende" Konvertiten aufspüren, durch Ermittlungen ihre Verfehlungen bestätigen oder sie entlasten, den Angeklagten
die Möglichkeit zur Buße geben oder sie bestrafen – bis hin
zum Verbrennen auf dem Scheiterhaufen.

Die Spanische Inquisition sollte nach streng vorgegebenen Regeln handeln. Gemessen am Maßstab der Zeit sollten die Regeln der Wahrheitsfindung und einem fairen Prozess dienen. Unterbringung und Verpflegung der Angeklagten, der Prozessablauf, die Vernehmung von Zeugen und
der Umfang der zulässigen Folter waren genau vorgeschrieben. Dazu Gerd Schwerhoff:

„Dieses Verfahren, das umfassende Geheim-
haltungstechniken, zukunftsweisende Befra-
gungstechniken auch jenseits der körperli-
chen Folter und den methodischen Einsatz

der Schrift umfasste, machte die ... Moderni-
tät der Inquisition aus, wobei darin kein posi-
tives Werturteil eingeschlossen sein soll."

Die überlieferten und mittlerweile frei zugänglichen Auf-
zeichnungen wurden von den Inquisitoren angefertigt. Wie-
weit sie ein „geschöntes Bild" zeichnen, wissen wir nicht.
Am Ende dieser Broschüre wird die ausführliche Dokumentation eines Inquisitionsverfahren wiedergegeben.

Widerstand gegen die Inquisition

In Saragossa (spanisch Zaragoza) organisierten vom Judentum zum Christentum Konvertierte ein Komplott gegen
die Inquisition. Sie ermordeten 1485 den Inquisitor Pedro de
Arbues (1441 bis 1485), als er zum Gebet niederkniete. Wie
die darauffolgenden Untersuchungen zeigten, befanden
sich unter den führenden Verschwörern mehrere sehr pro-
minente Neu-Christen.

Die Reinheit des Blutes, Limpieza de sangre

Mit dem Prinzip Limpieza de sangre (Reinheit des Blutes)
wurden Alt-Christen von Neu-Christen, somit von getauften
Juden und von getauften Muslimen, unterschieden.
    Die Idee von der Blutsreinheit wurde erstmalig 1449 im
Statut von Toledo umgesetzt. Nach 1492 wurde Limpieza
de sangre zu einer charakteristischen Form der Diskriminierung auf der Iberischen Halbinsel.
    Zum Christentum Konvertierte oder Menschen mit
konvertierten Vorfahren wurde der Zugang zu religiösen In-
stitutionen, Universitäten, Militär, Verwaltung, Verbänden
usw. verwehrt.

Mit der Einführung von Limpieza de sangre konnten jüdische Konkurrenten, zum Beispiel Verwalter, Finanziers, Ärzte, kaltgestellt werden.

In Portugal wurden 1737 alle gesetzlichen Unterschiede zwischen Alt- und Neu-Christen abgeschafft; in Spanien erst 1869.

Es ist zwischen Limpieza de sangre und der Inquisition zu unterscheiden: Letztere versuchte vorrangig unter konvertierten Juden Hinweise zu finden, ob diese jüdische Bräuche (Einhalten von Speisegesetzen, vom Schabbat usw.) heimlich fortsetzten. Ertappte wurden bestraft. Die Strafen reichten von der Verwarnung bis zur Verbrennung auf dem Scheiterhaufen.

Limpieza de sangre als Vorläufer der Nürnberger Gesetze?

Zwar hatten sowohl Limpieza de sangre als auch die Nürnberger Gesetze (1935) der Nationalsozialisten die Diskriminierung von Menschen mit jüdischem Hintergrund zum Ziel. Jedoch unterschieden sie sich erheblich in ihren Auswirkungen:

- Mit Limpieza de sangre wurden ehemalige Juden und Muslime und deren Vorfahren von den Eliten ferngehalten. Das Ziel bestand nicht in der Vertreibung dieser Konvertiten von der Iberischen Halbinsel.
- Dagegen war es das Ziel der NS-Gesetzgebung, alle Bürger mit jüdischem Hintergrund zu entrechten, zu enteignen und zu vertreiben. Später wurden die meisten der noch im nationalsozialistischen Machtbereich verblieben Juden ermordet.

Das Ende von al-Andalus

Granada und das Ende von Al-Andalus

Die Provinz Granada mit der gleichnamigen Hauptstadt war das letzte noch muslimisch beherrschte Gebiet. Nach achtmonatiger Belagerung ergab sich Granada am 1. Januar 1492 der Übermacht der Armeen der Katholischen Könige Ferdinand und Isabella.

Das Alhambra-Edikt von 1492 und seine Folgen

Am 31. März 1492 erließen die Katholischen Könige das Alhambra-Edikt. Es ordnete die Vertreibung aller Juden aus allen Territorien der spanischen Krone bis zum 31. Juli 1492 an, falls sie bis dahin nicht zum Christentum übergetreten waren. Damit wurde, nach etwa 900 Jahren, der auf dem 3. Konzil von Toledo (589) gefasste Beschluss umgesetzt, wonach nur Christen in Spanien leben durften.

Obwohl es in Granada auch Zeiten von religiösem Fanatismus gab, beschäftigten die christlichen Herrscher jüdische Berater, Ärzte und Finanziers, zum Beispiel den einflussreichen Arzt Isaac Hamon* (zweite Hälfte 15. Jahrhundert) oder die Finanziers Isaac Abravanel (1437 bis 1508) und Abraham Seneor* (1412 bis 1493). Aber auch sie waren vom Alhambra-Edikt betroffen.

Ironie der Geschichte: Beide Finanziers belieferten und finanzierten die königliche Armee gegen die Mauren. Sie trugen damit wesentlich zum Fall von Granada bei und ermöglichten dadurch die darauf folgende Ausweisung aller Juden. Isaac Abravanel musste Granada verlassen – trotz großer Anstrengungen durch Bestechung, um der Ausweisung zu entgehen. Er starb in Venedig. Abraham Seneor konvertierte und starb in Segovia, zwei Jahre nach dem Alhambra-Edikt.

Am 5. Dezember 1496 unterschrieb der portugiesische König Manuel I. das Dekret zur Ausweisung der Juden und Muslime aus seinem Territorium. Sie wurden gezwungen, bis Ende Oktober 1497 das Land zu verlassen. Nur Konvertierte durften bleiben.

Schätzungen über die Anzahl der vertriebenen Juden aus Spanien und Portugal zwischen 1492 und 1497 reichen von einhunderttausend bis zu mehreren hunderttausend.

Laut Kapitulationsvertrag sollten den Muslimen unter der nunmehr christlichen Herrschaft von Granada die gleichen Rechte gewährt werden, wie sie die in anderen Teilen Kastiliens und Aragóns lebenden Muslime genossen: ungehinderte Ausübung ihres Glaubens und ihrer Bräuche und Verwaltung ihres Gemeinschaftsrechts durch eigene Beamten.

In der Praxis sah das anders aus: Aus Málaga, das starken Widerstand geleistet hatte, wurden die meisten der etwa achttausend muslimischen Einwohner in die Sklaverei verkauft. Die Reicheren konnten sich davon freikaufen.

Von 1609 bis 1614 wurden alle noch verbliebenen Muslime ausgewiesen. Schätzungen gehen von etwa 300.000 Personen aus, bei einer Gesamtzahl der spanischen Bevölkerung von etwa acht Millionen.

Wohin flüchteten die Juden?

Als Spanien seine Juden 1492 vertrieb, flohen viele in das nahe gelegene Portugal. König Johannes II. (Regierungszeit 1481 bis 1495), der seine Staatskasse aufbessern wollte, genehmigte ihre Aufnahme. Wohlhabende Familien mussten 100 Cruzados für das Recht auf ständigen Aufenthalt bezahlen und Handwerkern wurde die Aufnahme wegen ihrer Fähigkeiten für die Produktion von Militärgütern zugebilligt.

Gegen Bezahlung von acht Cruzados pro Kopf durfte die große Mehrheit bis zu acht Monaten in Portugal bleiben.

Als danach die Ausreise unmöglich wurde, erklärte Johannes II. sie automatisch zu seinen Sklaven. Kinder wurden ihren Eltern entrissen.

Am 4. Dezember 1496 wurde bestimmt, dass bis November des folgenden Jahres kein Jude oder Mohr (Maure) in Portugal mehr sein durfte. 1497 folgten Maßnahmen zur Zwangstaufe aller noch in Portugal verbliebenen Juden.

Die Kirche vermutete, dass viele der Zwangsgetauften nur äußerlich zum Christentum konvertiert seien – und das war häufig der Fall.

Nach ihrer Vertreibung lebten die ehemals spanischen Juden vor allem im Osmanischen Reich, aber auch in Italien, Holland, England, Frankreich, Afrika oder Amerika.

Aus der sephardischen Kultur gingen zahlreiche berühmte Persönlichkeiten hervor, wie Moses ben Maimonides, der Philosoph Baruch Spinoza (1632 bis 1677), der britische Staatsmann, Schriftsteller und zweimalige Premierminister Benjamin Disraeli (1804 bis 1881) oder auch der Schriftsteller Elias Canetti (1905 bis 1994).

Die Aufhebung des Edikts

Die Idee „Ein Land, eine Religion" wurde in Spanien über Jahrhunderte mehr oder weniger konsequent verfolgt. Erst das 2015 verabschiedete Gesetz, worin alle Nachkommen der 1492 vertriebenen Juden als spanische Staatsbürger anerkannt wurden, beendete diese Politik ein für allemal. Diesem Gesetz ging eine schrittweise Lockerung voraus, wenn auch mit Rückschlägen:

* Einige Juden kamen bereits im 19. Jahrhundert nach Spanien. In Madrid wurden Synagogen eröffnet.
* 1931 erklärte sich die Regierung der gerade gegründeten Spanischen Republik bereit, die Ansiedlung sephardischer Juden auf ihrem Gebiet zu fördern. In der Folge

wanderten Juden aus der Türkei, Griechenland und anderen Balkanländern nach Barcelona ein.

- 1939, nach dem Sieg von General Franco (1892 bis 1975) über die Spanische Republik, wurde der römische Katholizismus zur offiziellen Religion in Spanien und es galt wieder „Ein Land, eine Religion". Sie war die einzige Religion, die erlaubt war. Wieder waren die Juden gezwungen, ihren Glauben im Verborgenen zu praktizieren.
- In Europa lebten vor dem Zweiten Weltkrieg die meisten Nachfahren der spanischen Juden in Griechenland, Jugoslawien und Bulgarien. Ihre wichtigsten Zentren befanden sich in Saloniki, Sarajevo, Belgrad und Sofia. Weit über 50.000 Sepharden wurden von den Nazis ermordet.
- Während des Zweiten Weltkrieges wurde Spanien Transitland für Tausende verfolgte Juden. Von hier aus versuchten sie per Schiff sichere Länder zu erreichen.
- Mehrere spanische Diplomaten retteten aktiv Juden. Die bekanntesten waren Ángel Sanz Briz, auch bekannt als der „Engel von Budapest", und Eduardo Propper de Callejón.
- 1978 stellte die Regierung des demokratischen Spaniens die Religionsfreiheit wieder her.

Am 11. Juni 2015 verabschiedete das spanische Parlament ein Gesetz über die Verleihung der spanischen Staatsbürgerschaft an sephardische Juden mit spanischen Wurzeln, verbunden mit dem Recht auf Rückkehr. Die „Times of Israel" berichtete, dass bis 2019 über 132.000 solcher Anträge gestellt wurden.

Am 1. April 1992 widerrief der spanische König Juan Carlos das „Edikt von Alhambra".

Schlussbetrachtungen

Der Mythos von der Reconquista

Im Rückblick erscheint der vollständige Sieg der christlichen Heere 1492 über die Muslime als Ergebnis eines etwa fünfhundertjährigen zielgerichteten Krieges zur Rückeroberung (Reconquista) der muslimisch besetzten Gebiete.

Tatsächlich waren die Auseinandersetzungen ursprünglich Kriege um Gebietsansprüche verschiedener Fürsten. Erst nachträglich wurde der Prozess der Rückeroberung durch die Christen zum Glaubenskrieg stilisiert. Christliche Propagandisten verbreiteten den Mythos von der Reconquista als patriotischen Kampf um die christliche Herrschaft.

Der christliche Apostel Jakobus wurde mit dem Beinamen Matamoros (der Maurentöter) zur Integrationsfigur des christlichen Spaniens.

Der Mythos von al-Andalus und die Verklärung des Orientalischen

1832 erschien in London das Buch „The Alhambra: a series of tales and sketches of the Moors and Spaniards" des amerikanischen Reiseschriftstellers Washington Irving. Dadurch wurde die multikulturelle Vergangenheit von al-Andalus erstmals einem größeren Publikum bekannt.

Der Mythos von al-Andalus kann nicht ohne die in der Mitte des 19. Jahrhunderts weit verbreitete Begeisterung für alles Orientalische verstanden werden:
- Karl May (1842 bis 1912) beeinflusste die Vorstellungen vieler Generationen vom Orient mit seinen fantasievollen Schilderungen.
- Tom Reiss beschreibt in seinem Buch „Der Orientalist: Auf den Spuren des Essad Bey", mit welcher Lust „Orientalismus" von der Berliner Bohème der 1920er Jahre

gelebt wurde. Ob Essad Bays jüdische Herkunft für seine Begeisterung für den Orientalismus ausschlaggebend war, ist nicht bekannt. Jedenfalls lief er mit schwarzer Lammfellmütze und mit einem Krummdolch am Gürtel herum oder trug das Symbol osmanischer Eleganz, den Fez.

- Diesen Orient-Tick hatte auch die deutsch-jüdische Dichterin Else Lasker-Schüler. Sie nannte sich „Prinz von Theben", „Jussuf" oder „Tino von Bagdad" und kleidete sich entsprechend.

Der Verklärung des Orientalischen wurde zur architektonischen Mode. Dafür einige Beispiele:
- Der maurische Kiosk als Beitrag Preußens 1867 auf der Weltausstellung in Paris
- 1908/1909 die Zigarettenfabrik Yenidze in Dresden
- Fantasievolle Gemälde verherrlichten das angeblich glückliche und auch ausschweifende Leben in al-Andalus. Ein Beispiel dafür ist das Gemälde von Dionisio Baixeras Verdaguer (1862 bis 1943) „Al-Rahman III. empfängt den Botschafter", entstanden 1885.

Der türkische Dichter Nazim Hikmet (1902 bis 1963) entgegnete 1925 der romantisierenden Darstellung des Dichters Pierre Loti, eines französischen Türkeiliebhabers:

„Das ist der Orient, wie ihn der französische Dichter sah! Das ist der Orient der Bücher, von denen pro Minute eine Million gedruckt werden! Doch es gab weder gestern, noch gibt es heute so einen Orient und es wird ihn auch morgen nicht geben!"

Juden nennen bis heute die Zeit in al-Andalus bis 1055 das „Goldene Zeitalter". Eine Ursache dafür ist, dass es den Juden in Spanien während gewisser Zeitabschnitte – verglichen mit ihrer Lage in anderen Teilen Europas – gut ging.

Über Art, Umfang und gegenseitige Befruchtung von Muslimen, Christen und Juden im mittelalterlichen Spanien gehen die Meinungen von Historikern weit auseinander.

Convivencia – Koexistenz

1948 veröffentlichte der spanische Historiker Américo Castro (1885 bis 1972) sein Buch „España en su historia" (Spanien in seiner Geschichte). Darin macht er den Begriff Convivencia populär. Der spanische Ausdruck Convivencia bezeichnet Koexistenz, Zusammenleben. Castro gebraucht den Ausdruck, um die Beziehungen und gegenseitigen Beeinflussungen von Juden, Christen und Muslimen auf der Iberischen Halbinsel zu beschreiben.

Castro meint, dass die Spanier erst nach der maurischen Eroberung zu einer eigenständigen und selbstbewussten Gruppe wurden. Erst das Zusammenleben der von Christen, Mauren und Juden geprägten Gesellschaft formte die Spanier zu einer christlichen „Kaste".

Damit drückt er zugleich aus, dass die vom faschistischen Franco-Spanien (1939 bis 1975) und von der katholischen Kirche proklamierte „homogene Nation", mit dem Katholizismus als alleiniger und einigender Grundlage, eine Fiktion ist. Es ist verständlich, dass diese Auffassung Castros zu erbitterten Auseinandersetzungen führte.

Multikulti in Spanien. Ein Vorbild?

„Besorgte Bürger" fragen: „Gehört der Islam zu Deutschland? Was müssen wir von muslimischen Zuwanderern fordern, damit sie ‚richtige' Deutsche werden? Sind sie Eindringlinge in unsere vom christlichen Abendland geprägte Gesellschaft und drängen langfristig uns Einheimische kulturell und demografisch an den Rand?"

Dahinter stecken Fragen wie: Können Angehörige unterschiedlicher Religionen, oft zugleich auch unterschiedlicher Kulturen, friedlich neben- oder gar miteinander leben, sich sogar gegenseitig befruchten? Oder wird sich die eigene Kultur bis zur Unkenntlichkeit ändern?

Wer eine multikulturelle Gesellschaft gutheißt, verweist gern auf Spanien, wo, wie man sagt, Juden, Christen und Muslime einst harmonisch zusammenlebten und sich gegenseitig kulturell beeinflussten. Betrachtet wird dabei die Zeit von 911, als arabisch-muslimische Heere fast ganz Spanien besetzten, bis 1492, als alle Juden, ca. 100 Jahre später auch alle Muslime, von den christlichen Herrschern des Landes verwiesen wurden.

Auch wenn die damalige Gesellschaft ein Ständestaat war, der Geistliche, religiöse Gruppen, Berufe und gewährte Rechte voneinander trennte, so können wir doch etwas aus dieser Zeit lernen:

- Wo nicht die Unterschiede zwischen den Religionsgruppen die politischen Entscheidungen bestimmten sondern pragmatisch entschieden wurde, konnten die besten Köpfe für Verwaltungsaufgaben gewonnen werden, konnten Juden, Christen und Muslime wissenschaftliche Spitzenleistungen erbringen, blühte die Kultur.
- Das Zusammenleben von Angehörigen verschiedener Religionen führte zu einem reichen intellektuellen Diskurs und zu einem besseren Verständnis des jeweils anderen Glaubens.
- Religiöse Intoleranz führte zur Abwanderung intellektuellen Potentials.

Vierundzwanzig Kurzbiografien als Spiegel der Lebensbedingungen

Anhand der Biografien ausgewählter, nicht nur jüdischer Persönlichkeiten sollen verschiedene Facetten des jüdischen Lebens in al-Andalus und im christlichen Spanien sichtbar gemacht werden.

Chasdai ibn Schaprut (ca. 915 bis ca. 970)

Chasdai ibn Schaprut war der erste jüdische Würdenträger im Dienst arabischer Kalifen. Er studierte Medizin und sprach fließend Hebräisch, Arabisch und Latein.

Um 940 übergab eine diplomatische Delegation aus Byzanz dem Kalifen Abd al-Raḥmān III. das Buch „Materia Medica" von Dioskurides aus dem ersten nachchristlichen Jahrhundert. Die „Materia Medica" beschreibt in griechischer Sprache ca. 1.000 Heilmittel und ca. 5.000 medizinische Anwendungen. Eine Gruppe von Übersetzern übertrug das Werk aus dem Griechischen ins Lateinische.

Besondere Schwierigkeiten bereitete die Übersetzung der arabischen Pflanzen und Krankheiten, die in Córdoba nicht bekannt waren. Zu diesem Zweck wurde eine Gruppe von Christen, Juden und Muslimen unter der Leitung von Chasdai ibn Schaprut zusammengestellt. Chasdai selbst verfasste die endgültige arabische Endfassung.

Wegen seiner Verdienste um die Übersetzung wurde Chasdai zum Leiter der Zollbehörde ernannt und mit verschiedenen diplomatischen Aufgaben betraut. So führte er im Jahre 953 Verhandlungen mit dem Gesandten des italienischen Königs Otto I. Als seine größte diplomatische Leistung gilt die Organisation des Friedensschlusses zwischen dem christlichen Königreich Navarra und dem Kalifat im Jahre 958.

Das Kalifat ernannte ihn auch zum Oberhaupt der Juden im muslimischen Spanien. Chasdai nutzte seinen Reichtum und sein Ansehen für die Entwicklung des spanischen Judentums. Er erwarb wertvolle Manuskripte, förderte Gelehrte aus dem In- und Ausland und ermunterte sie, nach Córdoba zu kommen. Dadurch wurde das intellektuelle jüdische Zentrum in Spanien unabhängig von dem in Babylon. Es begann das Zeitalter, das die Juden später das *Goldene Zeitalter* bezeichneten.

Zu den von Chasdai Geförderten gehörte der Schriftsteller und Lexikologe Menachem ben Jacob Ibn Saruq. Neben vielen anderen förderte Chasdai auch Dunasch ben Labrat, der zu einem der bedeutendsten Dichter, Sprachwissenschaftler und Exegeten seiner Zeit wurde.
Berühmt wurde der Briefwechsel zwischen Chasdai und dem König der Chasaren in Zentralasien, aus dem genaue Beschreibungen der jeweiligen Lebensumstände hervorgehen.

Dunasch ben Labrat (Mitte 10. Jh.)

Über sein Leben gibt es nur wenige gesicherte Daten: geboren um 925 in Bagdad oder Fez. Um 960 lehrte er in Córdoba. Er war Dichter, Sprachwissenschaftler und Ausleger biblischer Schriften. Dunasch ben Labrat war der Erste, der das System der arabischen Metrik in die hebräische Dichtung einführte.
Zu seiner Dichtung siehe den Abschnitt „Wechselseitige Beeinflussung der drei Religionen".

Gerbert von Aurillac (946 bis 1003)

Eine Sonderstellung nimmt Gerbert von Aurillac, der spätere Papst Silvester II., ein. Ob er jemals in al-Andalus war, ist nicht überliefert. Bekannt ist, dass er im damals christlichen Barcelona studierte und den Stand der Wissenschaften in den unweit gelegenen muslimischen Städten Córdoba und Sevilla kannte. Von dort brachte Gerbert die mathematischen Grundlagen und die mit ihrer Hilfe entwickelten astronomischen Messinstrumente nach Mitteleuropa.

Schmuel ha-Nagid (993 bis 1056)

Einer der bedeutendsten jüdischen Dichter des mittelalterlichen Spaniens, Großwesir des Königreichs von Granada. Später aufgrund politischer Rivalitäten in Saragossa ermordet.

Joseph ha-Nagid (um 1031 bis 1066)

Sohn von Schmuel ha-Nagid, jüdischer Wesir in Granada. An seiner Person entzündete sich der Hass der Muslime gegen die jüdische Bevölkerung, was 1066 zu einem Massaker führte. Er selbst wurde ermordet.

Jehuda ha-Levi (vor 1075 bis 1141)

Geboren im muslimisch beherrschten Tudela. Nach Eroberung von Kastilien durch König Alfons VI. (1085) ging er (vor 1090) in das muslimische Granada, wo sich eine lebenslange Freundschaft mit dem jüdischen Dichter Moses Ibn Ezra entwickelte.

Als Dichter, Philosoph und Arzt war Jehuda ha-Levi einer der wichtigsten Repräsentanten jüdischer Kultur in al-Andalus. Seine Gedichte erzählen von seinen Reisen in Spanien und anderen Ländern, aber auch von der Unzufriedenheit mit den Lebensbedingungen der Juden in Spanien.

Abraham Ibn Ezra (1089 bis 1146)

Abraham Ibn Ezra wurde 1089 geboren und war ein Freund von Jehuda Ha Levi. Ibn Esra war Dichter, Astrologe, Wissenschaftler und hebräischer Grammatiker. Auch führte er das Dezimalsystem bei den in der christlichen Welt lebenden Juden ein. Er verwendete das hebräische Alphabet für 1 bis 9, fügte aber ein besonderes Zeichen für die Null hinzu. Dann platzierte er die Zehner links von den Ziffern auf die übliche Weise.

Ibn Esras berühmtestes Werk war sein Kommentar zur hebräischen Bibel. Seine Vorstellungen von der Schöpfung haben spätere Generationen von Kabbalisten stark beeinflusst.

Moses ben Maimonides (1135 bis 1204)

Moses ben Maimonides war der bedeutendste jüdische Gelehrte seiner Zeit. Als rabbinische Autorität, Philosoph und königlicher Arzt erlangte er weithin Berühmtheit. Jüdische Gemeinden aus aller Welt baten ihn bei Unstimmigkeiten um seine Meinung, die aufgrund seiner fachlichen Autorität, als verbindlich anerkannt wurde.

Bis heute gelten Maimonides Schriften als Standardwerke der jüdischen religiösen Literatur. Sein wissenschaftliches Werk hat nicht nur die Entwicklung des Judentums außerordentlich beeinflusst, sondern auch auf die europäische Scholastik eingewirkt, namentlich auf Albertus Magnus und Thomas von Aquin.

Nach der Besetzung Córdobas durch Almohaden im Jahre 1148 floh Maimonides' Familie mit dem damals 13-jährigen Moses. Zum Problem der Zwangskonversionen schrieb Maimonides später den berühmten „Brief an einen Konvertiten, oder: Brief an einen Abtrünnigen (‚Iggeret Hashmad')".

Darin diskutiert er die Frage, ob sich Juden einer Zwangskonversion durch Selbstmord entziehen sollten. Die Tatsache, dass der Originaltext in Arabisch und nicht in Hebräisch verfasst wurde, zeigt die enge kulturelle Verbindung zwischen Juden und islamischer Umwelt.

Heinrich und Marie Simon fassen die Haltung von Maimonides zu Zwangskonversionen zusammen:

> Die Aufforderung zur Selbstaufgabe gehe über das Ziel hinaus und widerspreche dem Geist der jüdischen Religion. Da man von den Juden nur noch die verbale Anerkennung des Prophetentums Mohammeds verlange, ohne sie zu irgendwelchen Handlungen zu zwingen, die den göttlichen Geboten widersprechen, könne man sich einem solchen Zwang durchaus beugen und versuchen zu überleben. Maimonides sieht die Situation also durchaus realistisch. Dennoch rät er seinen Glaubensbrüdern, ein Land, in dem sie einem solchen Druck ausgesetzt sind, nach Möglichkeit zu verlassen.

Die Bedeutung dieser Aussage reicht weit über die Zeit der Almohaden hinaus. Im Mittelalter standen Juden wiederholt vor der Entscheidung, ob sie unter Zwang einer anderen Religion beitreten (Zwangskonversion) oder sich ermorden lassen sollen – das Problem glich dem zur Zeit der Herrschaft der Almohaden.

Nachmanides (1194 bis 1270)

Geboren als Moses ben Nachman, bekannt auch unter dem Akronym RaMBaN. Jüdischer Gelehrter des Mittelalters, Arzt, Philosoph und Dichter.

Er nahm als Vertreter der jüdischen Seite zwangsweise an der vom König einberufenen Disputation von Barcelona

(1263) teil. Seine Gegner im Streitgespräch waren der Konvertit Pablo Christiani, Dominikaner und Franziskaner. Nachmanides wurde in Anwesenheit des Königs zum Sieger erklärt. Aus Furcht vor der Rache der Dominikaner floh Nachmanides nach Palästina.

Pablo Christiani (? bis etwa 1274)

Als Jude geboren. Er studierte jüdische Religion und konvertierte zum Christentum. Danach trat er in den Dominikanerorden ein und bemühte sich, als Kenner des Talmud, Juden zu bekehren.

Ausgehend von seinen Talmudkenntnissen baute er seine Strategie zum Angriff auf die Juden bei der Disputation von Barcelona (1263) auf.

Solomon ibn Gabirol (1021/22 bis 1070)

Jüdischer Philosoph und Dichter im muslimischen Spanien. Seine Werke waren im Mittelalter sowohl unter Juden als auch unter Christen verbreitet. Sein latinisierter Name lautete „Avicebron". Sein arabischer Name Abū Ayyūb Sulaimān ibn Yaḥyā ibn Ğebīrūl zeigt die enge Verflechtung mit der arabischen Umwelt.

Benjamin von Tudela (Anfang 12. Jh. bis ca. 1173)

Benjamín bar Jonás de Tudela war der bedeutendste jüdische Reisende im Mittelalter. Er brach 1159 oder 1167 von Tudela (Navarra) in die Welt auf und kehrte 1172/73 nach Spanien zurück. Sein Tagebuch erzählt von den besuchten Orten, darunter Rom, Neapel, Konstantinopel, Jerusalem, Bagdad, Mosul, Kairo, Alexandria, Palermo. Er beschreibt Altertümer, jüdische Gemeinden, Tätigkeiten von Juden, das Leben am Hofe des Kalifen von Bagdad und die heiligen Orte in Palästina.

Die Berichte von den Orten, den Bauwerken, den Zahlen der Juden an einem Ort, den Vorständen der jüdischen Gemeinden, den Gelehrten, den Entfernungen zwischen Orten und weitere Beobachtungen sind so aufschlussreich, dass sie sowohl für die jüdische als auch für die allgemeine Geschichtsforschung über diese Zeit bedeutsam sind. Man kann den Wert des Tagebuchs auch daraus ableiten, dass es in nahezu alle europäischen Sprachen übersetzt wurde und vielen Mittelalterforschern als Quelle dient.

Judah ibn Ezra (12. Jh.)

Geboren in Granada, als Jude spanischer Staatsbeamter.

Er wurde von Alfons VII. von Kastilien zum Kommandanten einer Grenzfestung und einige Jahre später zum Vorsteher des königlichen Haushalts erhoben. Als seine Glaubensbrüder von den Almohaden verfolgt wurden, nutzte Judah seine Stellung und seinen Reichtum, um sie zu unterstützen.

Abraham El-Barchilon (zweite Hälfte 13. Jh.)

Abraham El-Barchilon entstammte einer prominenten jüdischen Familie aus Toledo.

Ab 1287 arbeitete er im Auftrage von Sancho IV. als Steuereinnehmer für das gesamte Königreich Kastilien. Wie bei vielen anderen jüdischen Beamten reichten die Aufgaben über die des Steuereinnehmers hinaus. So begleitete er den König auf dessen Reisen, überstellte in seinem Auftrag zum Beispiel einen Brief an den Bischof von Burgos und trat als diplomatischer Vermittler auf. Ab 1288 leitete er die Staatskanzlei und damit Kastilien.

Alfons X. von Kastilien (1221 bis 1284)

Alfons X., genannt „el Sabio" (der Weise), war von 1252 bis 1282 König von Kastilien und León. Zu seinem historischen Stellenwert siehe Abschnitt „Christliches Toledo: Stadt der drei Religionen".

Abraham Abulafia (1240 bis 1291/92)

Einer der bedeutendsten jüdischen Mystiker des 13. Jahrhunderts. Von anderen Juden wurde er als Messias betrachtet. Ob er sich selbst als solcher sah, ist umstritten.

Abner von Burgos (1270 bis 1347)

Arzt und Philosoph. Aus Enttäuschung über das Ausbleiben des Messias trat er zum Christentum über und wurde ein Eiferer gegen das Judentum.

Pablo de Santa Maria (1350 bis 1435)

Geboren als Jude Solomon ha-Levi in Burgos, Sohn einer angesehenen jüdischen Familie.

Seine Vorfahren waren Steuereinnehmer und Finanzverwalter des kastilischen Königreiches. Neben einer profunden jüdischen Ausbildung verfügte er auch über Wissen in jüdischer und arabischer Philosophie sowie in christlicher Theologie.

Gemeinsam mit der Familie konvertierte Solomon ha-Levi zum Christentum, was vermutlich im Zusammenhang mit den Unruhen von 1391 geschah. Mit seiner Taufe nahm er den Namen Pablo de Santa María an. Seine Konversion war auch ein Protest gegen die Ansichten von Averroes (1126 bis 1198), einem muslimischen Zeitgenossen von Maimonides. Averroes und Maimonides stützen sich auf die

Denkwelt des Aristoteles, welche von einer beträchtlichen Zahl spanischer Juden abgelehnt wurde.

In einem Brief an Joseph Orabuena beschreibt der zu Pablo de Santa Maria konvertierte Solomon Halevi die Gründe für seine Konversion. Der Brief fand große Verbreitung und erreichte auch Josua ben Josef Lorki (auch Joshua Halorki), der einige Jahre später ebenfalls konvertierte und sich fortan Gerónimo de Santa Fe nannte. Er wurde zu einem einflussreichen Feind der Juden.

1394 wurde Pablo de Santa Maria in Paris zum Priester geweiht. Anschließend ging er nach Avignon. Dort wurde er ein Verehrer und Unterstützer von Papst Benedikt XIII. In dieser Zeit begannen auch seine antijüdischen Aktivitäten.

Der Aufstieg von Pablo de Santa Maria in der katholischen Hierarchie war erstaunlich: 1396 Archidiakon von Trevinno, 1403 Bischof von Cartagena und ab 1415 bis zu seinem Tode Bischof von Burgos.

Gerónimo de Santa Fe (um 1400 bis 1430)

Geboren als Jude Joschua ben Josef Lorki.

Nach seiner Konversion nannte er sich Gerónimo de Sante Fe und wurde zu einem maßgebenden Feind der Juden. Er regte den Disput von Tortosa (1413/14) an, um zu beweisen, dass der Messias bereits in der Gestalt von Jesus gekommen war.

Abraham Seneor (1412 bis 1493)

Jüdischer Magnat und Finanzmann während der Herrschaft von König Heinrich IV. (1454 bis 1474) und oberster Steuereinnehmer von Kastilien.

Ab 1476 war er Rabbiner und oberster Richter der Juden von Kastilien und Schätzer der jüdischen Steuern im Königreich. Er erhielt ein lebenslanges Einkommen und eine Befreiung von den Kleidervorschriften, die für die Juden Spaniens 1479 eingeführt worden waren.

1488 wurde er zum Schatzmeister einer militärischen Organisation berufen, die für die Aufrechterhaltung von Sicherheit und Ordnung im Lande zuständig war. Da jedoch Juden für diese Funktion nicht zugelassen waren, wurde er unter dem Namen eines christlichen Hofbeamten registriert.

Der Druck auf ihn durch Ferdinand und Isabella führte schließlich zur Konversion. An der öffentlichen Zeremonie 1492 wirkte das Königspaar als Taufpaten. Danach änderte Abraham Seneor seinen Namen in Fernando Nuñez Coronel. Einige Tage später wurde er zum Kontrolleur der Stadtverwaltung in Segovia ernannt.

Isaac Hamon (zweite Hälfte des 15. Jh.)

Jüdischer Arzt und einflussreicher Berater am Hofe des Königs von Granada. Nach der Vertreibung ließ sich die Familie im Ottomanischen Reich nieder, wo seine Angehörigen einflussreiche Ärzte am Hofe des Sultans wurden.

Isaac ben Judah Abravanel (1437 bis 1508)

Auch: Avravanel, Abarbanel. Die Familie Abravanel war eine der ältesten und angesehensten spanischen Familien, die ihren Ursprung angeblich bis König David (um 1000 v. Chr.) zurückverfolgen konnte. Sein Großvater und sein Vater waren als königliche Schatzmeister und Finanziers erfolgreich.

Die ersten 45 Jahre seines Lebens verbrachte Isaac Abravanel in Portugal. Dort wurde er Schatzmeister im Dienste von Alfonso V. und zugleich dessen Vertrauter. Während dieser Zeit brachte er einen riesigen Staatskredit auf, wobei das Geld sowohl von ihm, anderen Juden wie auch von Christen stammte. 1471 leitete er ein Komitee zum Freikauf von Juden, die nach der Einnahme von Arzila in Marokko gefangen genommen waren und in Portugal als Sklaven angeboten wurden.

Nach einem Machtwechsel in Portugal floh Abravanel ca. 1483 nach Kastilien an den Hof der katholischen Könige Ferdinand und Isabella. Von 1482 bis 1492 belieferte und finanzierte Abravanel gemeinsam mit Abraham Seneor die königliche Armee im Krieg gegen die Mauren.

Um das Königshaus zur Rücknahme des Ausweisungsedikts zu bewegen, offerierte Abravanel einen hohen Geldbetrag. Der Versuch scheiterte. Vor die Wahl gestellt, entweder zu konvertieren oder das Land zu verlassen, entschied er sich fürs Exil und ging nach Neapel.

Schon von Jugend an interessierte sich Abravanel für Religion und Philosophie. Seine Arbeiten umfassten Exegese (Kommentare zur gesamten Bibel), Philosophie (allgemeine und in Verbindung mit jüdischer Religion) und Apologetik (zur Verteidigung der Lehre vom Messias). Seine jüdisch-philosophischen Schriften wurden in mehrere Sprachen übersetzt und auch von christlichen Gelehrten des 16. und 17. Jahrhunderts geschätzt.

Teresa von Ávila (1515 bis 1582)

Geboren als Teresa de Cepeda y Ahumada in Ávila. Zu ihren jüdischen Vorfahren hatte sie vermutlich keinerlei Beziehungen. In Ihrer Autobiografie erwähnt Teresa nicht, dass ihr Großvater zum Christentum übergetreten war und von einem Inquisitionsgericht wegen „Judaisierens" verurteilt worden war.

Aufgewachsen in einem wohlhabenden und bewusst katholischen Elternhaus, wurde sie zu einer der bedeutendsten christlichen Mystikerinnen und gründete und reformierte zahlreiche Klöster nach den Regeln der Karmeliter.

Bereits 1614 wurde sie seliggesprochen, 1617 zur Schutzpatronin von Spanien ernannt, 1622 heiliggesprochen und 1970 als erste Frau zur Kirchenlehrerin erhoben. Ihre Verehrung wurde durch den jüdischen Hintergrund nicht beeinträchtigt.

Ferdinand und Isabella, die Katholischen Könige

„Katholische Könige" ist der Namenszusatz von König Ferdinand II. (1452-1516) und Königin Isabella I. (1451 bis 1504). Ferdinand und seine Frau Isabella waren von 1474 bis 1504 Könige von Kastilien und León. Sie leiteten den Übergang zu einem vereinten Spanien ein. Zu ihren wichtigsten Leistungen zählen:

- Vollendung der Reconquista durch die christliche Eroberung Granadas
- Vertreibung der Juden und Muslime aus Spanien (Alhambra-Dekret)
- die Einführung der Spanischen Inquisition
- Zentralisierung der Macht der Krone durch Schwächung des Einflusses des Adels
- Durchsetzung von Finanzreformen
- Stärkung der katholischen Kirche

Statt eines Schlusswortes: Besprechung einer Ausstellung

Anlässlich der Vertreibung der Juden aus Spanien vor 500 Jahren zeigte das Jüdische Museum in New York 1992 die Ausstellung „Convivencia" mit dem Schwerpunkt auf das Zusammenleben von Juden, Christen und Muslimen. Hier die leicht bearbeitete und gekürzte Besprechung von Holland Cotter in The New York Times vom 13. November 1992:

> „Das multikulturelle Gefüge, das Spanien fast 800 Jahre prägte, wurde 1492 durch das Alhambra-Edikt offiziell aufgelöst. Dieser historische Stoff ist Gegenstand einer anregenden Ausstellung unter dem Titel „Convivencia". Das Wort bedeutet Zusammenleben oder Koexistenz und bezieht sich traditionell auf das Mittelalter in Spanien vom 8. bis 15. Jahrhundert. Während dieser Zeit füllten Juden, Muslime und Christen gleichermaßen die großen spanischen Städte und schufen so etwas wie eine Miniaturversion der heute so oft erwähnten globalen Kultur.
>
> Das Zusammenleben war oft prekär, und es endete katastrophal. Aber in seiner Blütezeit brachte es einige der größten wissenschaftlichen Leistungen der Welt hervor, eine brillante weltliche Dichtung und eine Kunst von unvergleichlicher Schönheit …
>
> Als die erste muslimische Armee 711 aus Nordafrika eintraf, existierten in Spanien bereits seit Jahrhunderten große jüdische Gemeinschaften. Unter islamischer Herrschaft galten sowohl Juden als auch Christen als geschützte Einwohner, da alle drei Religionen in ihren unterschiedlichen Formen die Bi-

bel als heiliges Buch teilten. Schutz bedeutete nicht unbedingt Gleichheit: Nicht-Muslime wurden zum Beispiel stark besteuert. Aber in den ersten Jahrhunderten der muslimischen Besetzung war die soziale und kulturelle Interaktion intensiv und weitreichend. Belege für den Austausch zwischen den drei Gruppen findet man überall in der Ausstellung. Ein Manuskript aus dem 14. Jahrhundert von Maimonides, ´Führer der Unschlüssigen´ wurde aus dem ursprünglichen Arabisch ins Hebräische übersetzt und im italienischen gotischen Stil illustriert. Das Motiv eines achtzackigen Sterns erscheint auf einem islamischen Textil, einer hebräischen Handschrift und einem Stuck-Panel aus einem christlichen Kloster, wobei die gleiche Form jeweils eine kontextspezifische Bedeutung hat.

Die Tatsache der religiösen Toleranz war entscheidend. Aber auch die Aura der ästhetischen Raffinesse der islamischen Kultur. Im 11. Jahrhundert sprachen die meisten spanischen Juden Arabisch, und Synagogen eiferten oft dem Moscheebau nach. Während sich die christliche Kunst auf die kultische menschliche Figur konzentrierte, verwendeten die anderen Religionen das geschriebene Wort als Hauptbild. Nirgendwo wird die Vermischung von muslimischer und jüdischer Kultur so überzeugend dargestellt wie in einem prächtigen Teppich aus dem 14. Jahrhundert. Hergestellt für eine Synagoge nach dem Vorbild eines muslimischen Gebetsteppichs mit einer Inschrift an dessen Rand in arabischer Sprache.

Zugleich mit solchen Hinweisen auf ästhetische Zusammenarbeit gibt es Verweise auf Zwietracht. Man findet diese schon früh in der ‚Beatus Apokalypse‘, einer christlichen Handschrift aus dem 10. Jahrhundert. Eine der Illustrationen hat eine starke anti-islamische Aussage, indem sie die biblische Geschichte einer religiösen Entweihung in die Große Moschee von Córdoba verlegt.

Es waren die Juden, die die Spannungen spürten: Zuerst unter einer konservativen muslimischen Dynastie im 12. Jahrhundert, dann unter der allmählichen christlichen Rückeroberung. Angeklagt wegen politischer und sozialer Verbrechen (einschließlich der Schuld am Schwarzen Tod), wurden sie zunehmend isoliert. Eine hebräische Bibel aus dem späten 15. Jahrhundert, mit fein geschmiedeter hebräischer Kalligrafie verziert, deutet darauf hin, dass zu diesem Zeitpunkt jüdische Kopisten nicht mehr in die christlichen Ateliers aufgenommen wurden, sondern selbstständig arbeiteten.

Die Katastrophe ist in der Ausstellung in Form von juristischen Dokumenten zu lesen, darunter die Anweisung von Papst Gregor IX., der Ferdinand III. von Kastilien aufforderte, alle Kopien des Talmuds in seinem Reich zu verbrennen. Doch fast surreal finden sich Seite an Seite mit diesem Edikt Abhandlungen, die die anhaltende Zusammenarbeit von Wissenschaftlern aller drei Religionen belegen. Juden, die einzige Gruppe, die Arabisch, Latein und Hebräisch sprach, waren in den meisten Fällen die entscheidenden Mittler.

Convivencia war offensichtlich kein „goldenes Zeitalter" des Friedens und der Harmonie. Convivencia war sowohl Realität als
auch Ideal: Ein längerer Abschnitt in der Geschichte, während dem ‚das Bittere und das
Süße‘, genau wie die Kunst der drei unterschiedlichen Kulturen, fast zu einer Sache
wurden."

Ergänzende Informationen

Weshalb konnten Juden so hohe Funktionen einnehmen?

Unter muslimischen und auch unter christlichen Herrschern konnten Juden zeitweilig hohe und einflussreiche staatliche Aufgaben übernehmen. Weil sie Juden waren, somit nicht zur herrschenden Religionsgruppe gehörten, gefährdeten sie – trotz ihrer hohen Funktionen – nicht die Macht des jeweiligen Herrschers.

Die Grundlage für die Erfolge von Juden war Bildung

Bereits im fünften Buch Mose wird die Unterweisung des Kindes durch den Vater vorgeschrieben. Simeon b. Shetaḥ im Jahre 75 v. Chr. und Joshua ben Gamla im Jahre 64 n. Chr. verlangten einen obligatorischen Schulbesuch. Der Babylonische Talmud nennt eine maximale Klassengröße von 25 Schülern. Die Kinder sollten im Alter von sechs oder sieben Jahren eingeschult werden.

Dieses Grundprinzip galt auch in Spanien. Es entstand ein umfangreiches Netz von jüdischen Grundschulen. Neben dem Studium der Religion, wodurch logisches Denken gefördert und abstraktes Denken und Disputieren trainiert wurden, gehörten zum Lehrplan auch hebräische Grammatik und Arabisch.

Bildung war im Judentum hoch angesehen, höher als Reichtum, weshalb bei der Partnersuche ein gebildeter Mann gegenüber einem reichen Mann bevorzugt wurde.

Die meisten Nichtjuden waren zu dieser Zeit Bauern oder wenig gebildete Städter. Im Wesentlichen beherrschten nur die Mönche das Lesen und Schreiben. Selbst Karl der

Große (747/48 bis 814) war noch ein Halb-Analphabet. Dieser Bildungsvorsprung der Juden erklärt ihren hohen Anteil in gehobenen Berufen.

Juden als Fachleute auf mehreren Gebieten

Einzelne Juden wirkten oft auf mehreren Gebieten gleichzeitig. Besonders geschätzt waren ihre Leistungen als Ärzte, Finanziers und Verwalter. Auch hier war der Hintergrund ihre überdurchschnittliche Bildung.

Es war nicht ungewöhnlich, dass ein jüdischer Diplomat im Dienste eines arabischen Herrschers, der seine Schreiben an Empfänger ferner Länder „in wohl gesetzten Worten" verfasste, auch als Übersetzer oder Dichter Hervorragendes leistete. Beispielhaft dafür steht Chasdai ibn Schaprut (ca. 915 bis ca. 970), der zugleich als Arzt, Übersetzer, Diplomat und Würdenträger am Hofe des Kalifen in Córdoba wirkte. Oder Jehuda ha-Levi (ca. 1075 bis 1141), bekannt als Dichter und Philosoph. Seinen Lebensunterhalt jedoch verdiente er zeitweilig als Arzt.

Auch im christlichen Spanien wurden Juden mit verschiedenen Aufgaben gleichzeitig beauftragt. So zum Beispiel Abraham von Toledo, auch Don Abraham Alfaquin genannt (arabisch: hakim, „Arzt" oder „kluger Mensch"). Er war Arzt am Hofe des Königs Alfons X. von Kastilien (1221 bis 1284) und übersetzte verschiedene Bücher aus dem Arabischen ins Spanische.

Juden waren als Ärzte gefragt

Sowohl im christlichen wie auch im muslimischen Spanien wurden Juden als Ärzte außerordentlich geschätzt. So waren im christlichen Barcelona des frühen 14. Jahrhunderts ein Drittel aller Ärzte Juden – bei einem Bevölkerungsanteil von ca. fünf Prozent. Diese Relation war nicht ungewöhnlich. Nach der Pest-Epidemie Mitte des 14. Jahrhunderts belief sich der Anteil jüdischer Ärzte innerhalb der christlichen Gemeinden in Katalonien und Aragón auf 20 bis 30 Prozent.

Dass Juden als Ärzte so erfolgreich waren, ist nicht zufällig. Medizin hat im Judentum eine lange Tradition. Die Heilung lag in Gottes Hand – die Ärzte waren Helfer Gottes. Deshalb bestand eine enge Beziehung zwischen Rabbiner und Mediziner. Von den 613 religiösen Pflichten, die in der Thora aufgeführt werden, betreffen etliche direkt oder indirekt die Gesundheit. Großer Wert wird auf vorbeugende Maßnahmen wie Hygiene oder vernünftige Lebensformen gelegt. Früh war bekannt, dass Krankheiten durch Kontakt übertragen werden können. Schon in biblischer Zeit waren Vorschriften wie zeitweilige Isolation, Vernichtung infizierter Kleidung, Ausräuchern der Häuser, Reinigung des Kranken nach dessen Genesung (3.Mose 13-15) wirksam.

Es bedurfte elementarer Kenntnisse der Anatomie, um die Einhaltung religiöser Speisevorschriften wie rituelles Schlachten (Schächten), makelloses Fleisch, Entfernung des Ischiasnervs, zu gewährleisten.

Bereits ab etwa dem 2. Jahrhundert wurden an Talmud-Schulen auch Philosophie und alte und neue Wissenschaften gelehrt. Die Medizin war Teil des Curriculums und umfasste Anatomie, Embryologie, Pathologie, Krankheitsursachen, Chirurgie und weitere Spezialgebiete. Es hatte also eine lange Tradition, dass viele Ärzte in Spanien zugleich auch Rabbiner waren.

Einige Ärzte verfügten über ausgezeichnete Kenntnisse in Sachen Astrologie/Astronomie. Seit der Antike war die Meinung verbreitet, dass für die Genesung eines Kranken auch der richtige Zeitpunkt seiner Behandlung von Bedeutung sei. Und je genauer dieser Zeitpunkt eingehalten würde, desto erfolgreicher wäre die ärztliche Behandlung.

Juden im Finanzsektor

Es ist auffällig, wie viele Juden als Geldverleiher, Finanzverwalter oder Steuereintreiber beschäftigt waren. Verleih
von Geld gegen Zinsen oder Pfänder war eine wesentliche
Tätigkeit von Juden, die zu Spannungen zwischen Gläubi-
ger und Schuldner führen konnte und auch führte. Diese
Spannungen wurden zeitweilig durch von Christen gegenüber Juden erhobene Vorwürfe wie Christusmord (die Juden seien schuldig für den Tod von Jesus), Blutbeschuldi-
gung (die Juden würden heimlich christliche Kinder entfüh-
ren und ermorden, weil sie deren Blut für ihre Pessachfeiern
und für verschiedene andere Zwecke benötigten), Brunnen-
vergiftung (die Juden hätten durch die Vergiftung von Brunnen die Pest verursacht) verschärft und entluden sich oft in
Mord und Totschlag – bestenfalls „nur" in Enteignung und
Vertreibung.

Als nicht manuelle Tätigkeiten waren im christlichen Mittelalter der Verleih von Geld gegen Zinsen verpönt. Auf
mehreren kirchlichen Konzilen (1139, 1311/12) wurde
Christen das Zinsnehmen generell verboten. Andererseits
setzte jedes Wirtschaften eine Kreditwirtschaft voraus: Bauern benötigten Vorschuss, um Saatgut zu kaufen oder eine
Missernte zu überstehen, Fürsten für die Bewaffnung der
Soldaten, Könige zum Bau von Festungen, Kirchen zum
Bau neuer Gotteshäuser usw.

Den hohen Anteil von Juden im Finanzgewerbe erklärte
man lange Zeit damit, dass Juden keine Bauern (wie die
meisten ihrer Zeitgenossen) sein konnten, weil sie, wegen
der christlichen Feindschaft gegenüber Juden, keinen Boden erwerben durften. Die Tätigkeit als Handwerker bliebe
ihnen verschlossen, weil die christlichen Gilden keine Juden
aufnahmen. Deshalb war angeblich das Finanzgewerbe
eine der wenigen Beschäftigungsmöglichkeiten für Juden.

Maristella Botticini und Zvi Eckstein geben in ihrem Buch „The Chosen Few: How Education Shaped Jewish History, 70 – 1492" (Botticini, 2012) eine andere Erklärung. Sie zeigen, dass Juden bereits etwa ab 900 n. Chr. in Persien als Geldverleiher auftraten. Nicht, weil sie keine anderen Berufe ergreifen konnten, sondern weil dieser Beruf für Juden mit ihrer vergleichsweisen hohen Bildung attraktiv war. Deshalb zogen viele Juden vom Land in die Stadt, gaben bäuerliche Berufe auf und wurden zu Handwerkern und eben Geldverleihern. Noch bevor die christlichen Gilden aufkamen, bildeten sie eigene Handwerkervereinigungen,

Um große Kredite zur Finanzierung von Kriegen oder Großbauten erteilen zu können, wurden häufig zahlreiche kleinere Geldverleiher einbezogen. Die Sicherheit für den vergebenen Kredit bestand im Pfand des Schuldners. Es ist nachvollziehbar, dass die aus christlicher Sicht ungläubigen Juden keinen Kirchenschmuck oder Gegenstände religiöser Verehrung (Reliquien) als Pfand nehmen durften. Dagegen sicherte das Verbot, Boden als Pfand zu nehmen, die Unantastbarkeit der Grundlage des in der Landwirtschaft verankerten Feudalsystems. So beruhen diese Einschränkungen weniger aus Feindschaft gegenüber den Juden als aus den Bedingungen des Feudalismus.

Das Beispiel eines Inquisitionsverfahrens

Olivia Remie Constable gibt in „Medieval Iberia" die Dokumentation des Inquisitionsprozesses gegen Inés López wieder. Hier eine Zusammenfassung, ergänzt um einige Erläuterungen:

Inés López musste sich zweimal vor dem Inquisitionstribunal verantworten: einmal von 1495 bis 1496 und einmal 1511 bis 1512.

Sie wurde 1464 oder 1466 als Tochter eines Schusters geboren. Als ihr Vater starb, war Inés ungefähr achtzehn Jahre alt. Der Vater wurde posthum durch die Inquisition verurteilt. Dank der Bemühungen von Inés, dem Schwiegersohn und einem Rechtsanwalt wurde der Vater später freigesprochen. Andernfalls hätte die Inquisition sein Eigentum, und damit das Erbe der Kinder, beschlagnahmt und die ganze Familie hätte als unehrenhaft gegolten. Inés' Mutter kam ebenfalls vor das Inquisitionstribunal. Sie wurde zu lebenslänglicher Haft verurteilt. Das entsprach üblicherweise einem mehrjährigen Hausarrest. Zusätzlich musste sie öffentlich ihren jüdischen Bräuchen abschwören.

Auch die Schwestern von Inés, Mayor und Violante, wurden gerichtlich belangt. Violante wurde 1494 auf dem Scheiterhaufen verbrannt.

Der Prozess gegen Inés bestand aus mehreren Anhörungen. Wie bei der Inquisition üblich, wurden der Angeklagten die Beschuldigungen nicht mitgeteilt. Man verwarnte Inés, über einen Zeitraum von mehreren Wochen, dem Tribunal bisher noch nicht eingestandene Verfehlungen mitzuteilen. Im Verlauf dreier Geständnisse bekannte sie, verschiedene jüdische Bräuche gepflegt zu haben. Die meisten davon waren eher traditionelle Gepflogenheiten, denn religiöse Vorschriften.

Geständnis am 22. Oktober 1495

Nach einer einleitenden formalen Entschuldigung für ihre Verbrechen gestand Inés in der ersten Anhörung, dass sie an verschiedenen jüdischen Schabbatbräuchen festgehalten habe.

So habe sie an mehreren Samstagen keine alltäglichen Arbeiten verrichtet und saubere Kleidung getragen. Auch habe sie gelegentlich Speisen gegessen, die bereits am

Freitag für den Sonnabend zubereitet worden waren und am Freitag Kerzen angezündet.

Das waren untrügliche Zeichen ihres Festhaltens am Judentum: Der Schabbat dauert von Freitagabend bis Sonnabendabend. Während dieser Zeit ist es Juden untersagt, alltägliche Arbeiten zu verrichten. Deshalb wird bereits am Freitag, vor Beginn des Schabbats, für den Sonnabend gekocht. Durch das Anzünden der Kerzen am Freitagabend wird der Schabbat besonders geehrt.

Inés gestand unter anderem, bei ihrer Cousine Isabel de Lobón einen der wichtigsten jüdischen Feiertage, Pessach, begangen zu haben. Außerdem entfernte sie so weit wie möglich das Fett vom Fleisch, da es Juden verboten ist, das Fett zu essen, das lebenswichtige innere Organe umgibt. Die Beschuldigung der Cousine war ohne Belang, da diese bereits in Konstantinopel lebte.

Zusätzliches Geständnis vom 14. Januar 1496

Inés kam ihrem Versprechen nach, weitere ihr erinnerliche Vergehen zu gestehen.

So hätte sie gemeinsam mit ihrer Schwester Violante an einigen Freitagen das Haus gesäubert und Essen vorgekocht. Nicht regelmäßig, damit es nicht auffiele. Wenn möglich, habe sie auf Empfehlung der Schwester vermieden, Schweinefleisch zu essen.

Auch sei sie manchmal zur Messe gegangen, doch statt zu beten, habe sie sich unterhalten. Sonntags habe sie gelegentlich etwas genäht, wodurch sie die christliche Sonntagsruhe verletzte. An Fastentagen habe sie Nahrung zu sich genommen. Es folgen weitere Selbstbeschuldigungen.

Zusatz vom 19. Januar 1496

Inés gesteht, dass sie Fleisch nach jüdischem Brauch zubereitet habe.

Am 17. September 1496 wurde Inés zur Versöhnung mit der Kirche in einem Autodafé (öffentliche Verkündung des Urteils) verurteilt. Als Teil des Urteils musste Inés, wenn sie sich in der Öffentlichkeit aufhielt, ein Sanbenito (Sünderhemd/Büßerhemd) tragen. Auch wurde sie zu lebenslanger Haft verurteilt, was einer Art Hausarrest entsprach, der jedoch selten erzwungen wurde. Oft wurden solche Urteile in eine Geldstrafe umgewandelt. Jedenfalls scheint Inés nach ihrer Versöhnung und trotz ihrer Verurteilung zu lebenslanger Haft eine relative Bewegungsfreiheit genossen zu haben.

Sie setzte die jüdischen religiösen Rituale fort und machte einige unvorsichtige Bemerkungen. Diese wurden „pflichtgemäß" vermerkt und durch Freunde und Nachbarn der Inquisition gemeldet.

Anklageschrift vom 16. September 1511

Die Anklage besteht aus sechs Abschnitten, die hier auf einige Aussagen zusammengefasst wird:

Inés erklärt, dass sie niemals die ihr zur Last gelegten Verbrechen der Ketzerei begangen habe. Die Anschuldigungen stammten von falschen Zeugen. Sie habe sich nur mit der Kirche versöhnt (indem sie vorher geständig war), um nicht auf dem Scheiterhaufen verbrannt zu werden.

Auch ihre Mutter und ihrer Schwester seien zu Unrecht beschuldigt und verdammt worden. Sie seien gute Christen gewesen und hätten keinerlei Verbrechen der Häresie begangen, die eine Verbrennung auf dem Scheiterhaufen gerechtfertigt hätten.

Inés wird auch beschuldigt, Häretiker nach jüdischer Tradition begraben zu haben. Das bedeutete, dass sie – nach jüdischem Brauch – die Verstorbenen vorher gewaschen hätte.

Nach ihrer Versöhnung habe sie gesagt, dass die Inquisition ausschließlich zum Zwecke der Aneignung von Geld geschaffen wurde und um sie auszurauben.

Bis vor zehn Monaten, als bekannt wurde, dass die Inquisition nach Ciudad Real kommt, habe sie sich nicht richtig bekreuzen können noch habe sie es jemals getan.

Danach, wenn sie sich jemals bekreuzigte, habe sie nicht „Im Namen des Vaters und des Sohnes" gesagt … Und wenn man sie dazu brachte, „Im Namen des Vaters" zu sagen, habe sie sich geweigert, „und des Sohnes und des Heiligen Geistes" hinzuzufügen. Diese Praxis war unter judaisierenden Konvertiten üblich, weil sie die Nennung von drei Gottheiten, wie in der christlichen Trinitätslehre enthalten, verabscheuten. Sie bevorzugten nur zu einem Gott, dem Vater, zu beten.

Weiterhin hat Inés López manchmal Witze gemacht, wenn sie von der Messe kam, die sie nur besuchte, um in den Augen der Nachbarn gut dazustehen. Sie sagte, dass sie eine geräucherte Messe gehört habe, weil sie dort Weihrauch benutzten.

Inés wurden niemals die Namen derer genannt, die gegen sie ausgesagt hatten. Allerdings erhielt ihr Verteidiger fünfzehn Tage Zeit, um eine Liste derjenigen zusammenzustellen, deren Zeugnis wegen Befangenheit ignoriert werden sollte.

Fragebogen der zu ignorierenden Zeugen

Es werden sieben Personen aufgeführt, die Inés López belasten. Ines begründet die Aussagen der Belastungszeugen mit Spannungen und Feindschaften im Bereich zwischenmenschlicher Beziehungen beim dörflichen Zusammenleben. Dafür hier nur ein Beispiel:

So hege zum Beispiel die Zeugin Catalina Alonso Hass und Feindschaft gegen Inés López. Ursache sei, dass die Tochter von Catalina Alonso zusammen mit Inés gewohnt habe. Catalina Alonso „entfernte" Inés aus dem Haus, was zu Streit führte. Und Catalina ging herum und sagte, dass Inés López auf dem Scheiterhaufen verbrannt werden sollte. Auch stritten sie, weil Catalina Alonso Inés vorwarf, einen Backtrog von Inés gestohlen zu haben.

Am 1. und 2. März 1512 erklärten Zeugen in Toledo, dass nach ihrem besten Wissen die von Inés benannten feindseligen Zeugen in Wirklichkeit keine Feinde von ihr waren.

Das Urteil

Am 3. und 5. Juli 1512 trafen sich die Inquisitoren und entschieden, dass das Eigentum von Inés zu beschlagnahmen sei. Inés sei den weltlichen Autoritäten zu übergeben, um auf dem Scheiterhaufen verbrannt zu werden.

Erklärung von Begriffen

al-Andalus: Muslimische Bezeichnung des von Muslimen beherrschten Teiles der Iberischen Halbinsel.

Aljama: Selbstverwaltete Wohngebiete von Muslimen oder Juden.

Almohaden: Die Almohaden waren eine muslimische Berber-Dynastie, die zwischen 1147 und 1269 weite Teile des Maghreb und von al-Andalus beherrschte.

Almoraviden: Arab. Al-Murābiṭūn, "Kriegsmönche". Eine Bewegung nordafrikanischer Berber. Sie vertrat einen streng puritanischen Islam und richtete sich gegen tolerante Muslime, Juden und Christen.

Araber: Aus Zentralarabien (arabische Halbinsel einschließlich syrischer Wüste) stammende Nomaden.

Arianismus: Eine christliche theologische Lehre, die nach einem ihrer frühen Vertreter, Arius, benannt ist. Der Arianismus wird von der katholischen Kirche als Häresie angesehen.

Berber in al-Andalus: Muslime, ursprünglich aus Nordafrika kommend. Die nach dem Ende des Kalifats von Córdoba (1031) auf der Iberischen Halbinsel entstandenen Taifa-Königreiche wurden von untereinander oftmals verfeindeten Berberdynastien regiert.

Judaisieren: Kann sowohl das Missionieren (in unserem Zusammenhang unerheblich) für das Judentum als auch die Beibehaltung jüdischer Traditionen im privaten Bereich bedeuten. Beispiele dafür sind das Einhalten der Schabbatruhe, das heimliche Aufsagen von Gebeten, das Beibehalten traditioneller jüdischer Speisen und die Vermeidung von nach den jüdischen Religionsgesetzen verbotenen Speisen. Judaisieren war ein zentraler Vorwurf der Inquisition gegenüber zum Christentum konvertierten Juden.

Juderia: Selbstverwaltetes Wohngebiet der Juden.

Konversion: Wechsel, häufig auch erzwungen, von einer Religion zu einer anderen. Zum Beispiel vom Judentum oder Islam zum Christentum.

Mauren: Abgeleitet von der röm. Provinz Mauretanien bzw. dem Königreich Mauretanien. Bezeichnung für alle teilweise nomadisch lebenden Berberstämme Nordafrikas, die im 7. Jahrhundert von den Arabern islamisiert wurden und diese bei der Eroberung der Iberischen Halbinsel als kämpfende Truppen unterstützten.

Muslime, auch Moslem: Angehörige der Religion des Islam, der im frühen 7. Jahrhundert vom Propheten Mohammed gestiftet wurde.

Reconquista: Rückeroberung muslimisch besetzter Gebiete durch Christen.

Umayyaden, auch Omajjaden: Ein Familienclan des arabischen Stammes der Quraisch aus Mekka, dem auch der Religionsgründer Mohammed entstammte. Aus ihnen gingen die Kalifen von Córdoba hervor.

Wesir: Muslimischer Regierungsbeamter.

Tafeln und Grafiken

Tafel: Sephardische Juden weltweit

Gesamt: 2.200.000 Sepharden. Das sind ca. 15 % der Juden weltweit.

Israel	1.4 Mio.
Frankreich	300.000 – 400.000
USA	200.000 – 300.000
Argentinien	50.000
Spanien	40.000
Kanada	30.000
Türkei	26.000
Italien	24.930
Mexiko	15.000
Großbritannien	8.000
Panama	8.000
Kolumbien	7.000
Marokko	6.000
Griechenland	6.000
Tunesien	2.000
Bosnien und Herzegowina	2.000
Bulgarien	2.000
Kuba	1.500
Serbien	1.000
Niederlande	600

Quelle: Wikipedia, abgerufen am 3.03.2017

Tafel: Geschichte Spaniens

bis ca. 0	Spanien wird römische Provinz.
70	Es gilt das römische Recht.
507	Toledo wird Hauptstadt der Westgoten.
587	Westgoten werden katholisch.
711	Mauren erobern den größten Teil der Iberischen Halbinsel.
915	Chasdai ibn Schaprut geboren. Beginn des „Goldenen Zeitalters" der Jüdischen Kultur in Spanien um 900. Unterschiedliche Datierung des Endes: 1031 mit dem Ende des Kalifats von Córdoba, 1066 mit dem Massaker von Granada, 1090 mit dem Einfall der Almoraviden oder Mitte 12. Jahrhundert mit dem Einfall der Almohaden.
961	Kalifat von Córdoba unter Abd ar-Rahman III.
1085	Alfons IV. von Kastilien erobert Toledo. Beginn der schrittweisen Einschränkung des muslimisch beherrschten Gebiets.
1086	Machtübernahme durch Almoraviden. Taifa-Reiche entstehen.
1135	Moses ben Maimonides in Córdoba geboren.
1160	Benjamin von Tudela beginnt seine Reise.
1179	Portugal unabhängiges Königreich.
1212	Alfons VIII. besiegt die Mauren.
1230	Vereinigung von Kastilien und Leon.
1252 bis ca. 1284	Alfons X. (El Sabio, der Weise) König von Kastilien und León. Übersetzerschule von Toledo.
1391	Unruhen und Pogrome gegen Juden in Spanien.
1348	Pest in Spanien.
1449	Limpieza de sangre erstmalig im Statut von Toledo festgeschrieben.

1462	Bauernaufstand in Katalonien.
1469	Isabella von Kastilien und Ferdinand von Aragón heiraten.
1474	Isabella wird Königin von Kastilien.
1478	Einsetzung der Spanischen Inquisition.
ab 1479	Regentschaft der Katholischen Könige Isabella und Ferdinand.
1492	Eroberung Granadas durch christliches Heer. Ende der Reconquista (Rückeroberung). Juden müssen sich taufen lassen oder Spanien verlassen.
1497	Ausweisung aller Juden aus Portugal.
um 1501	Muslime müssen sich taufen lassen oder Spanien verlassen. Die getauften Muslime werden als Morisken bezeichnet.

Grafik: Reconquista

711 erobert ein muslimisches Heer weite Teile der
Iberischen Halbinsel.

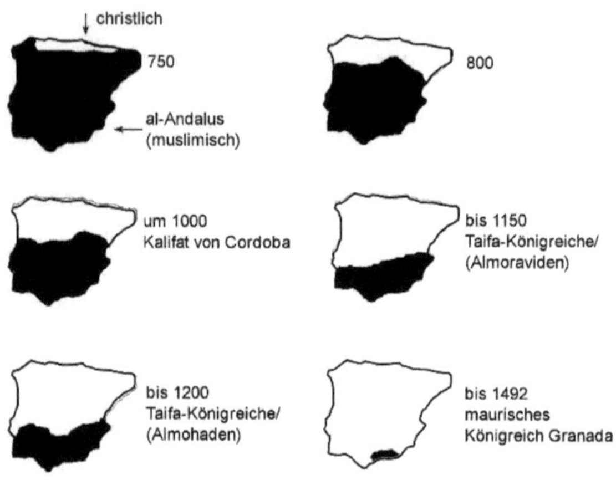

1492 hörte al-Andalus auf zu existieren.

Grafik: Wohin flohen die Sepharden?

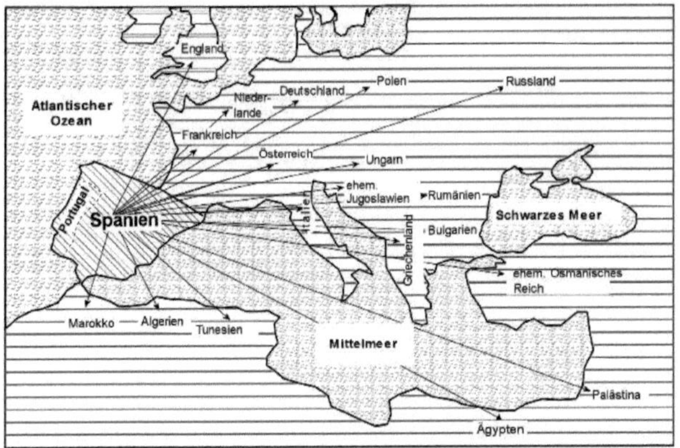

Die vertriebenen Sepharden ließen sich, oft nach mehrjährigen Zwischenaufenthalten, in vielen Ländern nieder.

angelehnt an ENCYCLOPAEDIA JUDAICA, Second Edition, Volume 18 S. 293

Literaturhinweise

Übersichten

- Encyclopaedia Judaica. 2nd edition. 22 Bände, Thomson Gale, Detroit 2007
- Encyclopedia Britannica, https://www.britannica.com/
- Jewish Virtual Library, https://www.jewishvirtuallibrary.org/
- Wikipedia, https://www.wikipedia.org/

Fachbücher

Bossong, Georg. (2005). Das Wunder von al-Andalus. Die schönsten Gedichte aus dem Maurischen Spanien. München: C. H. Beck.

Bossong, Georg. (2008). Die Sepharden. Geschichte und Kultur der spanischen Juden. München: C. H. Beck.

Bossong, Georg. (2010). Das maurische Spanien. Geschichte und Kultur. München: C. H. Beck.

Botticini, Maristella und Eckstein, Zvi. (2012). The Chosen Few: How Education Shaped Jewish History, 70-1492 (Kindle edition). Princeton University Press.

Brown, Nancy Marie. (2010). The Abacus and the Cross: The Story of the Pope Who Brought the Light of Science to the Dark Ages (Kindle edition). Basic Books.

Clot, Andre. (2002). Al Andalus. Das maurische Spanien. Patmos Verlag GmbH & Ko, KG; Artemis & Winkler Verlag, Düsseldorf, Zürich.

Cohen, Mark R. (2005). Unter Kreuz und Halbmond. Die Juden im Mittelalter. (P. U. Press, Hrsg.) München: C. H. Beck.

Constable, Olivia Remie. (2011, Oktober 21). Medieval Iberia. Readings from Christian, Muslim, and Jewish Sources. (Auflage: 0002 ed.).

Faiguenboim, Guilherme. (2005). Dicionário Sefaradi de Sobrenomes: Dictionary of Sephardic Surnames (Portuguese and English Edition). Avotaynu; 2 Rev edition (January 31, 2005).

Finn, James. (1841). Sephardim or, The history of Jews in Spain and Portugal. (J. London, Hrsg.), https://open-library.org/books/OL7148768M/Sephardim, abgerufen am 3. August 2014

Fletcher, Richard. (2015). Moorish Spain (Kindle edition). Weidenfeld & Nicolson; Auflage: New Ed (22. Oktober 2015).

Galperin, Karina. (2014). The passion according to Berruguete: painting the Auto-da-fé and the establishment of the inquisition in early modern Spain, http://www.acade-mia.edu/7476352/The_passion_according_to_Berru-guete_painting_the_Auto-dafe_and_the_establish-ment_of_the_inquisition_
in_early_modern_Spain, abgerufen am 19. 10 2014

Gerber, Jane S. (1994). The Jews of Spain. A History of the Sephardic Experience. Free Press.

Godman, Peter. (2003). Die geheime Inquisition. List Verlag.

Hinkle, Roscoe C. (2009). Medieval Islamic Spain (al-Andalus) as a Civilizational Bridge between Later Antiquity and Early Modernity. Retrieved July 14, 2017, from http://scholarsarchive.byu.edu/cgi/viewcontent.cgi?ar-ticle=1765&context=ccr.

Höxter, Julius. (1928). Quellenbuch zur jüdischen Geschichte und Literatur, II. Teil, Spanien. Frankfurt am Main: J. Kaufmann Verlag.

Kamen, Henry. (2014). The Spanish Inquisition (eBook), Fourth Edition, Revised 1. Mai 2014. Yale University Press.

Korey, Michael. (2007). The Geometry of Power. Deutscher Kunstverlag München Berlin.

Kozodoy, Maud. (2010). The Jewish Physician in Medieval Iberia: New Directions [online]. https://www.academia.edu/3630003/The_Jewish_Physician_in_Medieval_Iberia_New_Directions, abgerufen am 7. August 2014

Lawrance, Hannah. (1838). Historical memoirs of the queens of England (1. Januar 1838). Von https://play.google.com/store/books/details?id=Wr4TAAAAQAAJ&rdid=book-Wr4TAAAAQAAJ&rdot=1, abgerufen am 10.04.2023

Lea, Henry Charles. (1906). A History of the Inquisition of Spain [online] (Gutenberg eBook Ausgabe, Bde. 1, 2, 3). The Macmillan Company.

LIBRO, The Library of Iberian Resources Online. (20013). http://libro.uca.edu, abgerufen am 10.04.2023

Mann, Vivian B. (2010). Uneasy Communion. Jews, Christians, and the Altarpieves of Medieval Spain. D Giles Limited in association with the Museum of Biblical Art, New York.

Mann, Vivian. B., Dodds, Jerrilynn Denise. et al. (1992). Convivencia: Jews, Muslims, and Christians in Medieval Spain. George Braziller Inc.

Marcu, Valeriu. (1991). Die Vertreibung der Juden aus Spanien. Matthes & Seitz.

Masood, Ehsan. (5. November 2009). Science & Islam: A History. (Kindle edition).

Museum of Portuguese Jewish History. (kein Datum). http://www.mpjh.org/Welcome.html, abgerufen am 05.12.2014.

Netanyahu, Benzion. (2001). The Origins of the Inquisition in Fifteenth Century Spain (2nd edition). New York Review Books.

Nicholls, William. (1995). Christian Antisemitism: A History of Hate (New Ed., 1. Juni 1995). Jason Aronson, Inc.

Noy, David. (1993). Jewish Inscriptions of Western Europe, Volume I. Cambridge: Cambridge University Press.

Ökumenisches Heiligenlexikon. (kein Datum). Von http://www.heiligenlexikon.de/BiographienT/Teresa_von_Avila.htm, abgerufen am 10.04.2023

Rabow, Jerry. (2002). 50 Jewish Messiahs: The Untold Life Stories of 50 Jewish Messiahs Since Jesus. Gefen Books.

Roth, Cecil. (October 1953). The Qualification of Jewish Physicians in the Middle Ages. Von http://www.jstor.org/stable/2849209, abgerufen am 01.11.2014

Saint Teresa of Ávila. (kein Datum). (Encyclopaedia Britannica) http://www.britannica.com/EBchecked/topic/587885/Saint-Teresa-of-Avila, abgerufen am 23. 11 2014

Schlieben, Barbara. Verspielte Macht, Politik und Wissen am Hof Alfons X. (1252-1284), ISBN 3050044993

Schwerhoff, Gerd, Die Inquisition. Verlag C.H.Beck, 4. Auflage, ISBN 978 3 406 731754 4

Silveira, Aline Dias da. (2008). Die Maurenbilder im Werk Alfons' X. von Kastilien - Pragmatische Haltung, Toleranz und Kulturaustausch im mittelalterlichen Spanien. Dissertation. https://edoc.hu-berlin.de/bitstream/handle/18452/16511/dias-da-silveira.pdf, abgerufen am 6.11.2022

Shatzmiller, Joseph. (19994). Jews, Medicine, and Medieval Society. Univ of California [print-on-demand].

Skolnik, Fred M. B. (2007). Encyclopaedia Judaica. Von http://www.bjeindy.org/resources/library/encyclopediajudaica/

Scholberg, Kenneth R., et al. "Spanish and Portuguese literature." Encyclopaedia Judaica. Ed. Michael Berenbaum and Fred Skolnik. 2nd ed. Vol. 19. Detroit: Macmillan Reference USA, 2007. 84-91. Gale Virtual Reference Library. Web. 23 Nov. 2014. http://go.galegroup.com/ps/i.do?id=GALE%7CCX2587518942&v=2.1&u=

imcpl1111&it=r&p=GVRL&sw=w&asid=1a7174df537609ab
e74eecf853d57073, abgerufen am 20.11.2016

Tellier, Luc-Normand. (2011). Urban World History: An
Economic and Geographical Perspective (Kindle edition).
(P. d. Québec, & F. P. First Edition, Hrsg.)

Torres, Max Sebastian Hering. (2006, 1. Auflage). Rassis-
mus in der Vormoderne/die „Reinheit des Blutes" im Spanien der Frühen Neuzeit. Campus Verlag.

Ward, Aengus. (15. April 2011). History and Chronicles in
Late Medieval Iberia: Representations of Wamba in Late
Medieval Narrative Histories... Brill Academic Pub.

Weiner, Rebecca. Judaism: Sephardim.
http://www.jewishvirtuallibrary.org/jsource/Judaism/Se-
phardim.html, abgerufen am 22.07.2014

Wulff, Karl. (2013). Bedrohte Wahrheit. Der Islam und die
modernen Naturwissenschaften (Kindle edition). Grin Verlag GmbH.